JN065581

The Power and Mindset

島田雄左 著

はじめに

　2012年、私は24歳で司法書士事務所の経営者になりました。実務経験はもちろん、社会人経験すら未熟な若輩者にとっては、まさに悪戦苦闘の日々が始まります。当時の私は「何でもお受けいたします」というスタンスでしたから、はじめて経験する案件や、複雑な案件に頭を悩ませるのは当然のことでした。しかし、それよりも遥かに大変だったのが事務所の経営です。集客、営業、採用、育成、業務改善、資金繰り……と尽きることのない課題が次々に押し寄せ、それらには答えらしい答えがないのです。ときには大きな（事務所の存続が危ぶまれる）失敗もしましたが、多くの方々に助けられながら、1人ではじめた事務所は200名を超える規模へ拡大しました。私を、そして事務所を支えてくださった依頼者や取引先のみなさまには、どれだけ感謝しても足りるものではありません。

　事務所の規模が大きくなっていくと、士業事務所経営者の方々からご相談いただくことも増えてきました。「どうやって案件を獲得していますか？」「スタッフの育成はどうしていますか？」そんな話をうかがっているうちに、皆さんも私と同じ経営課題を抱えていらっしゃることに気づきます。私自身も必死に向き合っている最中ですから、拙い経験に基づいてお答えしながらも、かえってこちらが学ばせていただくことも多々ありました。こうして、徐々に士業事務所経営者の方々との交流が深まっていきました。

そして、再び人生の転機が訪れます。2019年、士業や医業などのプロフェッショナルへ向けて総合支援サービスを提供する株式会社スタイル・エッジの代表者から、経営を引き継いでくれないかと打診されたのです。想像もしてなかったことでしたし、一瞬で様々なことが頭を駆け巡りましたが「これは士業業界に貢献する、またとないチャンスになる」と私の直感が告げていました。そもそも、目の前にある挑戦の機会にはぶつからずにはいられない性格です。かくして、私は士業事務所の経営を離れ、その経営を支援させていただく立場で仕事をすることになりました。

　この20年間で、士業業界は大きな変革を遂げています。以前は、難関試験を突破して資格を取得すれば、比較的安定したキャリアが保証される業界でした。しかし、時代と共に状況は一変しています。同業者間の競争が激しくなっているだけでなく、人工知能（AI）をはじめとする最先端の技術が目まぐるしいスピードで世間に登場し、仕事のあり方そのものが問われています。では、こうした急激な変化の中で、士業事務所の経営者は、どうすればよいのでしょうか。もちろん、時代の流れをつかみ、自らを柔軟に変化させていく必要はあります。「今まではこうだった」だけで乗り切っていけるなら、これほど楽なことはありません。一方で、私が取り組んできたことを振り返ってみると、斬新なアイデアで業界を一変させたなどということは一度もありませんし、特殊な戦略で経営していたわけでもありません。誰もが学べるような基本的なことを、特別な才能も持たずに、ただひたすら実行してきただけなのです。それでも事務所を潰さずに生き残って来

られたわけですから、どんな状況であれ変わらずにやるべきこと、持つべきマインドはあるのではないかと思い至りました。本書で伝えたいポイントは、まさにこの点です。

　こういった経緯で書いたものですから、本書は、経営理論を体系的、網羅的に学べる「教科書」のような内容では決してありません。そのような書籍は他にたくさんあるでしょうし、ビジネススクールでも学ぶことができます。また、「事務所の売上を〇億円にする法則」といった、成功を約すようなノウハウ本でもありません。ここに書き記したのは、私が士業事務所の経営者と、それを支援する会社の経営者として、考え、実践し、学んできた事柄です。主観的で、それなりに偏った内容になっているかもしれませんが、その点はあらかじめご了承ください。また、経営に正解はありませんので、本書が必ず読者のみなさまのお役に立つとは言い切れません。少しでも事務所経営の役に立ち、経営者のみなさまが成し遂げたい「何か」の実現に寄与できればと切に願うのみです。

　読者として想定しているのは、事務所経営者になろうとしている方、事務所経営に行き詰まりを感じている方、事務所経営を次のステップへ進めたいと考えている方です。事務所の規模で言えば、開業当初から年商１億円程度、従業員数10人くらいまでをイメージしています。士業事務所では、一事務所あたりの平均従業員数は概ね５人未満ですから、興味を持ってくださる方々は、このあたりが一番多い層だと考えています。ただし、事務所に勤

務されていて独立を視野に入れていない方であっても、事務所の経営者がどのような課題を抱え、どのようなことを考えているのかを知っていただく機会にはなると思います。もちろん、一口に経営者と言っても人それぞれ千差万別の考え方を持っていますから、あくまでキッカケにすぎません。もし、そのような方が本書を手に取ってくださっているとしたら、代表の方がどんな考えを持って事務所を経営しているのか、興味を持っていただけたら大変嬉しく思います。

　第1章では、業界の概況に触れつつ、大きく紙面を割いて私見を述べていきます。経営は、現状を把握することから始まりますし、私がどのようなことを考えている人間なのかも最初にお伝えできるようにするためです。第2章から第4章までは、経営に必要な要素の1つ目「顧客を増やすアクション」についてです。細目としては「マーケティング」「集客」「営業」をテーマとしています。第5章は、2つ目の要素「組織づくり」です。顧客を増やすことと組織を作ること、この両輪が回ってこそ事務所の経営は成り立っていきます。最終の第6章ではすべての根本となる「成功するために必要なマインド」について述べています。できるかぎり実際に取り組んできた事例も交えながら、生の情報をお届けしていきます。

　末筆ながら、本書の出版へ向けてご尽力いただいた皆さま、殊に税務経理協会の小林規明氏には、心から感謝いたします。本当にありがとうございました。

CONTENTS

第1章　士業業界の概況

1 制度改正と規制の緩和 ——————————————— 2
　1 広告の規制緩和 ————————————— 2
　2 報酬の自由化 ————————————— 7
　3 士業法人の誕生 ————————————— 8
2 テクノロジーが巻き起こす変化 ——————————— 11
3 プロダクトライフサイクル理論から見る士業業界 —— 16
4 士業の高齢化と M&A ——————————————— 20
5 競争環境において考えておきたいこと ———————— 24
　1 自分、そして事務所のビジョンは何か ——— 25
　2 プロダクトアウトとマーケットイン ————— 27
6 本章のまとめとして ——————————————— 31

第2章　マーケティング

1 士業にマーケティングは必要か？ ————————— 34
2 マーケティング、営業と業務マネジメント ————— 36
3 ビジネスモデルを明らかにする ————————— 38
4 PPM（プロダクト・ポートフォリオ・マネジメント）分析 —— 40
　1 金のなる木 ————————————— 41
　2 花形事業 ————————————— 41
　3 問題児 ————————————— 41
　4 負け犬 ————————————— 42
5 コンサルタントは必要か？ ——————————— 43

COLUMN

ランチェスター戦略における「一点突破」　　　45

6＼事業計画の作成 ──────────────────── 47

7＼差別化する要因 ──────────────────── 51

1 立地 ───────────────────────── 51

2 規模 ───────────────────────── 52

3 ブランド ────────────────────── 52

4 商品力 ──────────────────────── 53

5 販売力 ──────────────────────── 53

6 接客力 ──────────────────────── 53

7 価格力 ──────────────────────── 54

8 固定客化 ────────────────────── 55

COLUMN

自宅開業という選択肢　　　56

第3章　集客

1＼集客をいかにコントロールするか ──────── 58

2＼オンライン集客 ──────────────────── 59

1 ホームページは必要か？ ─────────── 59

2 士業と多様な WEB マーケティング ──── 61

3 WEB マーケティングにおける事務所経営者の役割　66

4 SNS による情報発信 ──────────── 69

3＼オフライン集客 ──────────────────── 71

1 異業種交流会は有用か ─────────── 71

2 セミナーの開催 ────────────── 74

3 事務所外の無料相談会 ─────────── 77

COLUMN 情報発信としての「出版」　　　　　　　　79

第4章　営業

1\ 営業力は差別化ポイントになる ——————— 82

2\ 3回安定、10回固定の法則 ————————— 85

3\ 営業ツールをフル活用する —————————— 87

4\ 面談の流れを可視化する ——————————— 89

　1 アイスブレイク ————————————— 90

　2 ヒアリング ———————————————— 90

　3 オープンクエスチョン —————————— 91

　4 クローズドクエスチョン ————————— 91

　5 共感 ——————————————————— 91

　6 提案（クロージング）—————————— 92

5\ 提案書でサービスを可視化する ———————— 94

6\ 報告の定時化 ———————————————— 96

7\ お客様イベントの開催 ———————————— 98

8\ アンケートによる情報収集 —————————— 100

　1 アンケートの設計 ———————————— 100

　2 アンケートの回答数を増やす ——————— 102

　3 回答へのアフターフォロー ——————— 102

第5章　組織づくり

1\ 「集団」ではなく「組織」として機能できるか ——— 106

2\ 共通の目的として掲げる言葉 ————————— 108

3\ 掲げた言葉をマネジメントに活かす ——————— 110

 4\ 組織規模における人数の壁 —————— 113

 5\ 人が悪いのか、組織が悪いのか —————— 118

COLUMN

　　　　「先生」は禁止　　　　　　　　　　　123

 6\ 事業の多角化と拠点展開における課題 —————— 125

 7\ チャットツールの効用 —————— 127

 8\ テレワークの是非 —————— 129

 9\ 資格者が志向するキャリアへの対応 —————— 131

　　1 定型的な業務を安定して行いたい —————— 132

　　2 専門性の幅を広げる、あるいは深めていきたい – 133

　　3 マネジメント職に就きたい —————— 134

　　4 独立して経営者となりたい —————— 135

第6章　成功するために必要な力とマインド

 1\ 成功するために必要な○○力 —————— 138

　　1 行動力 —————— 138

　　2 胆力 —————— 139

　　3 コミュニケーション力 —————— 139

 2\ 先行投資思考 —————— 141

COLUMN

　　　　成功の鍵は才能か運か？　　　　　　　142

 3\ 最後に、最も重要な「熱意」について —————— 144

　　本書の結びとして　〜士業のこれから〜 —————— 147

第1章

士業業界の概況

MY PERSONAL VIEW ON THE PROFESSIONAL INDUSTRY AND ITS GENERAL SITUATION

制度改正と規制の緩和

　士業業界において、「マーケティング」や「マネジメント」といった経営課題がフォーカスされるようになったのは、おそらく20年ほど前、2000年代初頭からではないでしょうか。様々な制度改革、規制緩和がなされ、業界にとっては大きな転換点になった時期です。私は、この変化を表すキーワードを「競争」だと考えています。規制によって守られていた事業環境が競争の原理にさらされ、時代が経営者に創意工夫することを求めたのです。

　ここから、いくつか特徴的な事業環境の変化を取り上げつつ、士業事務所の経営に関する私見を述べていきます。制度変更等の事例については、すべての士業について記していくと煩雑になりますし、本書の目的は詳細な制度史を語ることでもありませんので、私が関わることの多い弁護士や司法書士を中心に扱っていきます。

1 広告の規制緩和

　士業の広告は、規則が定められ一定のルールのもとで運用されています。無制限な広告活動を認めると、誤解を生むような広告や、実績を過大に宣伝する広告が運用され、一般消費者に不利益が生じるおそれがありますから当然のことです。

　この規則は、かつては今以上に厳しく、弁護士に関しては広告の記載事項を限定するという方法が採られていました。具体的に

は「氏名及び住所」「自宅の電話その他これに準ずるものの番号」「事務所の名称、所在地及び電話その他これに準ずるものの番号」「所属弁護士会」「弁護士登録の年月日」などであり[注1]、掲げることができた広告は、

　　○○弁護士事務所　弁護士○○　○○弁護士会所属　電話03－○○○○－○○○○

といった内容になります。これでは、どんな特徴がある事務所で、何の案件が得意なのかなど、相談先を選ぶときに参考になりそうな情報は、全く掲載することができません。

　この規則は、2000年に改定され「事実に合致していない広告」「誤導又は誤認のおそれのある広告」「誇大又は過度な期待を抱かせる広告」などはすることができないという定め方に変化しました[注2]。つまり、「記載事項の限定」から「記載方法の指針」に変化したと見ることができます。記載する事項に縛りがなくなったわけですから、指針に則っていればあらゆることが広告に記載できる、つまり創意工夫の余地＝競争環境が生まれたというわけです。

　私は、士業の広告活動に対する規制は、次の3点から必要なことだと考えています。

　①　士業の情報発信は専門性が高い内容となるため、情報に触れる人に「プロがそういうなら正しいだろう」というバイア

(注1)　「弁護士の業務の広告に関する規程」昭和62年3月14日会規第31号第3条より一部抜粋
(注2)　「弁護士の業務広告に関する規程」平成12年3月24日会規44号第3条より一部抜粋

　スを生む可能性がある

②　相談、依頼のニーズには緊急性が高いものも多く、そう
　いった場合には十分に比較・検討する時間的、心理的余裕が
　ない

③　一般的に、士業と関わる機会が多いという人は限られてお
　り、客観的に（あるいは経験的に）比較・検討する情報を持っ
　ていない場合が多い

　「あなたの悩み100％解決します」と広告で謳っていた場合、
業界に身をおいている私からすれば、すぐに「そんなことを確約
するのはまずいだろう」と疑問を持つことができます。しかし、
これまで士業の先生方と関わったことがなく、本当に困ってい
て、すぐにでも相談したい、解決したいと焦っている一般の方
が、この言葉に飛びついてしまっても仕方ありません。だからこ
そ、情報を発信する士業の側が、実態にそぐわないことや虚偽の
情報を発信することがないようにすべきであり、規則が定められ
ていることには当然だと思います。

　一方で、広告活動における競争環境は、士業の先生方が持つス
キルや経験を社会へ活かしていくため大いに役立つものだと考え
ています。私自身、司法書士として活動しているときに「司法書
士さんってどんなことをしているんですか？」と尋ねられたこと
は数えきれないほどあります。専門性が高い知識や経験を身につ
け、課題を抱える方々のサポートができるようになっていても、
そのことを知ってもらえなければ相談相手として想起していただ

けません。これでは宝の持ち腐れです。

　ある弁護士の先生が、債務整理業務について「WEB広告によって、どれだけ多くの命が救われたかわからない」と言っていました。悲しいことに、借金を苦にして命を断ってしまう方は、今も社会にいらっしゃいます。たくさんのプロフェッショナルが同じ社会にいるにもかかわらずです。私は、自分たちの仕事を「知っていただくこと」がいかに重要かを、この先生の言葉によって幾度となく思い出しています。士業の先生方が、広告においても適正な競争環境のもとで創意工夫をし、切磋琢磨していくことは国家資格者としての重要なミッションではないでしょうか。

　事務所の経営という観点では、どれだけのリソースを広告に投下するかという課題があります。経営において、リソースが無限にあるということはありえません。限られたリソースを何に投下するかを決めることは経営の要であり、その点こそが経営戦略だと言えるでしょう。広告活動の規模が問題なのではなく、それぞれの事業環境において、いかに知ってもらい、相談先として選んでいただくかを考え、様々な広告手法の中から最善と思える手を打っていく。結局のところ、正解のない経営の世界ではそれしかありません。

　例えば、「知っていただく」手段として、依頼者からの紹介を強化しようとしたとします。ご存知のとおり、人づての口コミ、紹介は、伝播する情報に紹介者の信頼が付加されることで強力な一手となり得ます。一方、リーチできるのは依頼者の先にいる方々に限られますし、そもそも人には知られたくないという悩みであればどうでしょうか？　もしかしたら、そのような悩みを抱える

方々は「相談したくてもできない」という状況にいらっしゃるかもしれません。

　ここで重要なことは、経営の理念や定めたミッションと、事務所の収益の双方を睨み「この方針でいく」と決断することです。どんなに高邁な理念を掲げようとも、それだけでは経営は成り立ちません。事務所が潰れてしまっては、社会に貢献するどころではないはずです。一方で、収益だけしか見ていなければ道を誤ります。収益のために広告の規則を犯してでも顧客を誘引しようなどということが許されるわけがありません。どちらも事務所経営にとって欠かすことのできない要素ですから、広告の重要性を認識しつつも、この狭間で苦悩しながら決断し続けていくしか道はありません。

　最後に、適正な広告活動について触れておきます。残念ながら、士業の広告については、規則を顧みずにまさに収益だけを重視したようなものが見受けられます。それらは、適宜、弁護士会等の監督組織によって是正されていくはずですが、イタチごっこのような状況にあることは否めません。規制を緩和し、自由度を高めたことで解釈の幅が生まれていることも課題の一つでしょう。このような現状に対して、弊社は、一般社団法人士業適正広告推進協議会（士推協）の活動に参画し、適正な広告運用を実現するために活動しています。座して現状を憂えるだけではなく、実際に行動する。この姿勢が必要だと考えているからです。いまの士業業界では、事務所経営者の皆さまが、士業広告について、保守的になるだけでなく「士業の未来へ向けて」議論し、試行錯誤していくことが重要なのではないでしょうか。

2＼ 報酬の自由化

　従前、士業の報酬には、一律の算定基準が定められていました。どの事務所に依頼しても同じ報酬額となり、事務所経営において価格は差別化要因にならなかったのです。この基準は、2000年代に入り各士業で撤廃され、現在では事務所ごとに自由に報酬額を決められるようになっています[注3]。相談者にとっては、依頼する事務所を選ぶ際に「価格」が考慮すべき要素となり、ここでも士業にとっては競争環境が生まれています。報酬が一律であれば、価格交渉も起きません。「もう少し報酬が抑えられれば依頼するよ」「他事務所ではこれくらいの報酬だったよ」などと言われたときに、経営者としてどう判断するかは、場合によっては悩ましい問題となるでしょう。

　報酬の自由化によって、士業の先生方も故・稲盛和夫さんのいう「値決めは経営」の世界に身を置かれ、価格戦略に向き合うことが求められています。私は、この変化をポジティブに受け止めています。報酬額を決めるときには、自身の仕事の価値に向き合わなくてはなりません。理念的な意味での仕事の価値はさておき、現実に「その仕事にいくら払うか」を決定するのは依頼者の方々です。自分はどのようなサービスを提供していて、他の事務所と何が違うのか。他の事務所はどのような価格設定をしている

（注3）　弁護士について「債務整理事件処理の規律を定める規程」（平成23年2月9日会規第93号）が定められるなど、一部の業務については報酬算定について指針が示されている場合もあります。

のか。依頼者は何に対して価値を見出しているのか。このような こと考え、適正な価格設定を模索していくことは、士業業界がよ り良いサービスを生み出す源泉になるはずです。

　過剰な価格競争により事業環境が悪化する可能性もゼロではあ りませんが、そもそも他業界の方々はそのような問題と常に向き 合っているわけです。士業業界だけが、この課題に悩まされるこ となく、安全な対岸に身を置いているとしたら、本質的な相談相 手にはなり得ないのではないでしょうか。そのような意味でも、 価格にまつわる競争環境は、士業業界の発展のために必要なもの だと考えています。

3 士業法人の誕生

　現在、士業事務所は、個人事務所と士業法人という2つの形 態が存在します。一般の方にお話しするとしたら、個人事務所は いわゆる「個人商店」、士業法人は「会社」のようなものと表現す るとわかりやすいでしょうか。制度改正の以前は、前者しか認め られておらず、士業法人という概念はありませんでした。個人事 務所では、1つの事務所しか開設できなかったところ、士業法人 では一定のルールのもと複数の事務所を開設できるため、全国に 事務所を構える大規模な法人も生まれています。

　都市部に本店^(注4)を置く法人が地方都市に支店を構えれば、事

（注4）　士業においては株式会社における「本店」は「主たる事務所」、「支店」は 「従たる事務所」と規定されていますが、本書においては士業業界以外の読者 がおられること想定し、便宜的に「本店」「支店」という呼称を使用しています。

業を展開するエリアが異なり交わることのなかった経営者どうし
が相まみえるわけですから、従前とは違った競争環境が生まれま
す。複数の拠点があることや、多くの従業員を抱えていることで
引き受けられる案件もあるでしょう。ある士業法人が、自分と同
じ商圏で複数の拠点を構え、認知を高めていく戦術を取るかもし
れません。「全国対応」を謳っている事務所が競合相手となった場
合、何か対抗できる強みが必要になる場合もあるでしょう。この
ように、士業法人の誕生によって、事務所経営における競争環境
は大きく変化しています。

　士業法人の誕生によって、事務所経営者には、どのような組織
形態でサービスを提供していくかという選択肢が生まれました。
地域密着型の個人事務所を営むのか、複数の事務所を構えて広く
事業を展開するのかなど、まさに経営者の意志が問われる局面です。
　就職先を探している新人の先生からは「就職するなら、個人事
務所と法人はどちらがいいですか？」と尋ねられることもしばし
ばありますが、就職先としてどちらかが優れているということは
ありません。いずれの事業形態であるかにかかわらず、事務所に
よって働く環境は全く異なります。自分がどのような環境で働
き、どのようなキャリアを歩んでいきたいかを考え、個別に見極
めていくしかないでしょう。給与や通勤時間などの待遇・環境面
だけではなく（もちろんこれらも重要ですが）、経営理念への共感
や働きがいといった側面も大切にしたいという方にとっては「な
ぜ事務所の経営者がその事務所形態を選択しているのか」は、見
極める上での重要なポイントになりえます。前述のとおり、経営

者の意志が表れる部分であり、その理由に共感できるかを考えられるからです。そのような意味において、事務所経営者の視点では、事業形態の選択は人材確保においても大事なテーマであるといえるでしょう。

　士業法人の誕生は、事業展開に多様性を生んだだけでなく、事務所経営者に選択を迫るという点でも変化をもたらし、競争の中で業界を発展させる一因となっていると考えています。

テクノロジーが巻き起こす変化

　現代社会では、様々な革新的技術が生まれ、仕事のあり方、あるいは人々の仕事に対する意識を大きく変化させています。2020年からはじまった新型コロナウイルスの感染拡大が、この動きを劇的に加速させたことも記憶に新しいでしょう。実現できているかは別として、DX（デジタル・トランスフォーメーション）という言葉はもはや常識の範疇にあり、時代は経営者に変革を求めています。もちろん、士業業界も例外ではありません。

　法律に関する仕事をデジタル技術によって効率化するツールやサービスは「リーガルテック」と称されています。リーガルテックの中でも、近年急速に普及したものの一つが電子契約です。一般財団法人日本情報経済社会推進協会（JIPDEC）による「企業IT利活用動向調査」によると、2020年1月時点で電子契約を利用したことがあるという回答者が43.3%であったのに対して、2022年1月時点では69.7%と実に1.6倍にまで増加しています[注5]。私も、会社の代表者として取り交わす契約の大半が電子契約となり、契約事務は大幅に効率化されました。今さら紙の契約書だけの世界に戻ることは、とてもできそうにありません。契約書に朱肉を使って押印するという伝統的な方法は、時代にそぐわないものと認識されていくことでしょう。

（注5）「JIPDEC IT-Report 2022 Spring」一般財団法人日本情報経済社会推進協会　https://www.jipdec.or.jp/archives/publications/sqau0900000056wt-att/J0005170.pdf

　この他、契約書の作成やレビューを AI 技術によって自動化、効率化するサービスなどもリリースされています。士業の先生方にとって業務の効率化へつながる技術であると同時に、一般企業にとっては、法務領域で士業に依頼する仕事を減らし、内製化を推し進める技術になり得ます。

　このように世の中を眺めてみると、リーガルテックは、事務所経営において少なくとも次の 3 点で考慮する必要があるでしょう。

・リーガルテックによって、事務所の業務をいかにして効率化するか

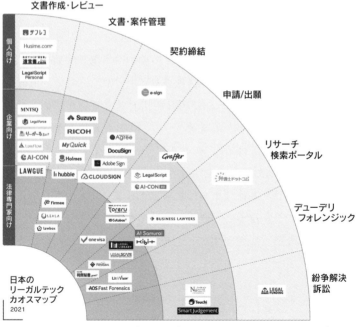

出展：日本のリーガルテックカオスマップ 2021

- ・リーガルテックに関するクライアントからの要請にどう応えて
いくか
- ・リーガルテックによる依頼案件の変化（量・質）にどう対応するか

リーガルテックによって、士業の仕事は激減する。単純作業は
テクノロジーによって代替され、士業もコンサルティング要素を
高めるなど、人にしかできない仕事で価値を発揮できないと生き
残れない。このような懸念は、ずいぶん前からあったように思い
ます。

確かに、弊社でも AI（人工知能、Artificial Intelligence）や RPA
（Robotic Process Automation）を活用して業務を自動化するこ
とで大幅に工数を削減し、現実に一部の仕事が人の手から離れて
います。しかし、本書を執筆している 2023 年においては、AI
の中でも特定の分野だけで動く ANI（特化型人工知能、Artificial
Narrow Intelligence）の段階を超えて、自ら思考・学習し、どん
な分野においても人と同じように対応できる AGI（汎用人工知能、
Artificial General Intelligence）や、人間の知能を遥かに超える
ASI（人口超知能、Artificial Super Intelligence）の実現にまで話
が及んでいます。これは、士業のような知的産業の場において
「人にしかできない仕事が存在しない世界」、あるいは「AI の方が
人以上に人らしい仕事ができる世界」の話をしているのだと私は
解釈しています。

- ・最新の法令や判例、実務事例は、網羅的かつリアルタイムに情
報として保有している
- ・膨大に保有している情報は、いつでも瞬時に引き出すことがで

きる

・人と変わらない自然な応対で、相談者のニーズを汲み取ること
ができる

・どのような相手であっても、相性の良し悪しや感情のブレはな
く、常に丁寧で寄り添った応対ができる

・自ら学習し進化を続け、疲れることを知らない

　このような人工知能が世に放たれたとしたら、士業の仕事はど
うなってしまうのでしょうか。少なくとも、コンサルティング要
素云々のレベルでは済まないはずです。当然、士業事務所の経営
は抜本的に見直さざるを得ません。そして、このような話を夢物
語として一笑に付す時期は、とうに過ぎ去りました。これから
10年程度で実現すると言われても、私は全く違和感を覚えませ
ん。むしろ、確かに実現するだろうとさえ思います。話題となっ
ているChatGPTひとつをとっても、何年も前からこれだけの速
さで世の中に広まることを予測していた方は、どれだけいたで
しょうか？

　既に多方面で指摘されているように、AIには、データセット
の偏りが差別や偏見を助長する、プライバシー侵害の危険性があ
るなど、倫理的な課題も山積しています。技術の進歩に対して、
そのような課題への対策が追いついていない状況ですから、今後
様々な形で規制は強化されるでしょう。しかし、時代の流れが次
なる技術を後押しする力は、どうにも止められないような気がし
てなりません。正直に申し上げて、私自身も体験したことがない
未知の世界にいるような心地で、将来の見通しは極めて立てづら

い状況におかれています。

　このような時代において、事務所の経営者は、どうあるべきなのでしょうか。私は、既にある技術を駆使して目の前の経営を最適化することと、将来的な技術発展を見越した準備を進めることの二軸を同時に走らせるしかないと現時点では考えています。現時点でと申し上げたのは、革新的な技術が急速に広まり、待ったなしの変化が訪れる可能性も否定できないからです。

　広告の項でも述べましたが、経営においてリソースは常に有限です。この2つに対してどのようにリソースを配分するかは、それぞれの経営者が頭を悩ませながらも決断していくしかありません。状況の変化に速く、柔軟に対応するアジリティが、いっそう求められていくことでしょう。

　少なくともわかっていることは、「今までどおりでいい」というスタンスで何もしなければ、将来的に事務所がどのような不利益を被っても責任はすべて経営者が負うしかないということです。業界としても、時代遅れで価値のない集団とみなされれば、社会から淘汰されていきます。AIの活用や倫理的課題については、業界全体で真剣に議論し、明確な方針を打ち出す必要に迫られるでしょう。競争は、もはや士業の事務所どうし、あるいは士業と一般企業という枠組みで語られるものを超え、まだ見ぬ（すぐそこに迫っている）テクノロジーと対峙するところにまで広がっているのです。

Section 03 プロダクトライフサイクル理論から見る士業業界

　プロダクトライフリイクル埋論とは、製品やサービスが市場に現れてから消滅するまでに、どのような過程たどるかを4つの段階に分け、それぞれの時期にどのようなマーケティング戦略を必要とするかを説明するする理論です。まずは、次頁の図で簡単に概要を見ていきましょう。

　さて、士業業界はどの段階に当てはまるでしょうか。「士業」といっても様々な資格があるので一概には言えませんが、私が触れてきた意見の中では、成熟期の後半に差し掛かっているという見方が多いように思います。確かに、ここまで見てきたように競争が激化している状況は確かにあり、「資格をとっても食べていけない人もいるらしい」などという声も聞こえてくる業界です。マーケットが右肩上がりに成長しているとはとても思えませんから、成熟期の後半にあるという意見には肯けます。そうすると、士業事務所の戦略には、「差別化」や「ブランディング」が重要なポイントになるといえそうです。

　この理論を基に考えた結論には、経営者の実感としても納得感があります。士業事務所は数多くあり、仕事を奪い合っている実情はありますから、何か差別化できる要素を作らないといけないと私も考えてきました。インターネット上ではいかようにも情報を発信できて、一般消費者もスマートフォンがあれば簡単に情報収集できる時代です。そうすると、自分の事務所がどう認知され

プロダクト・ライフサイクル（PLC）

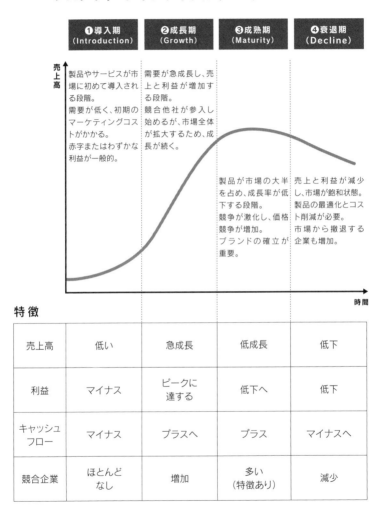

❶導入期 (Introduction)	❷成長期 (Growth)	❸成熟期 (Maturity)	❹衰退期 (Decline)

売上高

製品やサービスが市場に初めて導入される段階。
需要が低く、初期のマーケティングコストがかかる。
赤字またはわずかな利益が一般的。

需要が急成長し、売上と利益が増加する段階。
競合他社が参入し始めるが、市場全体が拡大するため、成長が続く。

製品が市場の大半を占め、成長率が低下する段階。
競争が激化し、価格競争が増加。
ブランドの確立が重要。

売上と利益が減少し、市場が飽和状態。
製品の最適化とコスト削減が必要。
市場から撤退する企業も増加。

時間

特 徴

売上高	低い	急成長	低成長	低下
利益	マイナス	ピークに達する	低下へ	低下
キャッシュフロー	マイナス	プラスへ	プラス	マイナスへ
競合企業	ほとんどなし	増加	多い（特徴あり）	減少

るかが重要だと考え、ブランディングに取り組んだりもしてきました。

　私は、経営理論を体系的に学んできたわけではありませんし、正直に申し上げると理論的な話が得意というタイプでもありません。こうやって学んだ理論も、経営の実体験と突き合わせ、自分なりの答え合わせをしながら前進してきました。机上の空論は役に立たないけど、さすがに徒手空拳では心もとない。それくらいのバランスで、理論に偏ることなく常に経営の現場で感じる「手触り」や「実感」を忘れないようにしています。

　既にお気づきの方もいらっしゃるかと思いますが、本理論は、商圏や商品ごとに見ていくと全く違った結論が導き出されます。私がリアルタイムで経験したことの一つは「家族信託」の導入期です。2016年ごろ、一部の先輩方が先駆けとなり取り組んでいましたが、まだまだ業界全体の実務実績は少なく、一般消費者にはほとんど認知されていない状況でした。

　・競合となる事務所は極めて少ない、この点では戦いやすい
　・まずは知ってもらう段階だから、先行投資はそれなりに必要
　・たくさんの案件を急速に受注できる見込みはなく、収益化には時間がかかる

　ざっとこんな見立てでしたが「これは相続でお困りの方々への新しいソリューションとなる」という想いと、「この状況なら抜け出せる」という直感に突き動かされ、私の事務所は家族信託の支援サービスを開始しました。

　手探りではじめた事業でしたが、諸先輩方にも助力してもらい、実務経験を積んで徐々にユニークなポジションを獲得していきます。セミナーも数えきれないくらいお受けしました。もちろん、報酬は無料です。より多くの方々に知っていただくため拙著『家族信託の教科書』（税務経理協会）を上梓し、さらなる認知の獲得に乗り出します。この書籍は、極めてシンプルで基礎的な内容にしました。専門性の高い書籍は少ないながらも出版されていましたし、私の目的は「知っていただくこと」でしたから、専門家のための実務書を書いてもミスマッチです。そこで、ターゲットを一般消費者や周辺事業である不動産業、金融業を営む方々にまで広げ、家族信託に関する最初の一冊として手に取りやすい書籍を目指しました。

　この取組みによって、私の事務所は「家族信託といえば」という認知＝差別化要因を手に入れました。成熟期のマーケットにおいて「○○といえば」は差別化におけるキーワードといえます。ありがたいことに、家族信託案件で繋がったクライアントの方々からは、周辺の案件もお任せいただけるようになり、事務所は大きく成長しました。家族信託という領域は導入期であり、それにあった戦略を選択し実行する。そのことが成熟期にある司法書士業界において、強みを獲得することになる。この事例は、このような組み合わせで説明ができます。本理論を事務所経営に活かすには、業界全体の状況と、自身が参入するエリアや分野の状況を読み取り、最適な戦略を選択することにあるのではないでしょうか。

士業の高齢化と M&A

　士業業界は高齢化している。士業業界にいると、こんな話を耳にします。私も 20 代で司法書士として現場に出ていた頃、「おじいちゃんが来るのかと思っていました」とよく言われていましたから、一般的にもそのようなイメージがあるのかもしれません。

　実際のデータで見ると、司法書士の平均年齢は、2021 年の時点で 54 歳、60 代以上の会員数は 7,984 人[注6]。弁護士では、平均年齢 47.6 歳、60 代以上の会員数は 8,818 人[注7]と平均年齢は司法書士よりもやや若く、60 代以上の会員数は司法書士よりも多くなっています。少し古いデータですが、士業の中で一番人数が多い税理士（2022 年時点で 8 万人超え、コンビニより多い！）では、2014 年時点で平均年齢は 60 代、60 代以上の会員数は 17,632 人です[注8]。

　一部の士業についてのデータですが、確かに若いとはいえない業界です。そもそも日本の社会全体が超高齢社会ですから、士業業界もこれから若手の参入が大幅に増加するとは考えにくいでしょう。60 代以上の先生方は、多くの一般企業においては定年を迎える年齢ですが、士業に定年はありません。私がお会いした

（注 6）　司法書士白書　2022 年版　https://www.shiho-shoshi.or.jp/cms/wp-content/uploads/2022/12/8a9fd6333ec3b2a28a514cf334bb4fa0.pdf

（注 7）　弁護士白書　2022 年版　https://www.nichibenren.or.jp/library/pdf/document/statistics/2022/1-1-1.pdf

（注 8）

先生方の中にも、60 代以上で現役の方々はたくさんいます。60歳を超えても長く現役を続けられる一方で、若い世代の参入が減るならば、当面の間は高齢化の傾向は続くと見込まれます。

　豊富な経験を背景に、若手では歯が立たない一種の「凄み」のあるベテランの先生と出会うと、本当に貴重な存在だなと思ったりするものですが、そんな先輩方も人間です。歳を重ねていく流れは止められませんから、事務所の経営者も、どこかのタイミングで幕引きの時はやってきます。その場合、廃業、後継者への事業承継、M&A（Mergers and Acquisitions）という道があります。

　このうち M&A は、士業法人が認められたことと相まって、業界の様相を変える要因となります。士業法人では複数の事務所を構えることができますから、M&A によって拠点を増やし、規模を拡大する一手になるからです。実際に、積極的に M&A を行い、急成長している士業法人も存在しています。

　M&A は、新規に拠点を構える場合と違い、人材も顧客も引き継いだ状態で他の商圏に進出できます。異なる文化の組織が交わるという組織マネジメント上の難しさもありますが、うまくいけば速やかに規模を拡大できますから、事務所の成長戦略としては有力な一手となるでしょう。また、インターネット広告など全国どこにでもリーチできる広告手段と多拠点戦略は相性が良く、幅広いエリアで対応できることをフックに反響の増加を狙うことができます。さらに、リーガルテックによる業務の効率化や平準化は、多拠点での事業展開や大量の案件処理を手助けします。士業業界に変化をもたらす要因がいくつか掛け合わされることで、大

21

規模士業法人の拡大は今後さらに進むことが考えられます。

　業界の高齢化によって、若手資格者の獲得競争も熾烈を極めています。どんな業界にもいえることですが、組織の継続的成長には未来を担う優秀な人材の確保が欠かせません。士業業界においては、そもそも試験合格者の数が限られていますから、その限られたパイに採用の手が集中することは自明の理です。体力がある大規模士業法人は、給与などの待遇、労働環境、育成環境を整備し、人材の確保にいっそう多くのリソースを割いていくでしょう。

　一方で、個人で営む中小規模の事務所が、人材確保に対して大規模法人と同程度にリソースを割くのは難しいように思います。人材の獲得競争に勝てなければ事務所の規模は拡大しませんから、大規模法人はさらに大きくなり、小規模個人事務所との二極化が進んでいくという予測ができます。

　大規模法人にも、事業承継に特有の課題があります。一代で事務所を一定の規模以上（例えば100名を超える規模）に成長させるのは、簡単なことではありません。仮に事務所の拡大を目指したとしても、誰もが実現できているわけではありませんから、実現した創業者は何か特異な強みを有していると考えるのが自然です。

　実際に私が出会ってきた方々も、魅力的なキャラクター、事務所経営に対する高い熱量、特定の分野における突出したスキルなど、何か「他と違った」強みをお持ちの方が多いと感じます。そうすると、承継する人材が簡単に見つからないのは当然の帰結です。

　さらに、事業の規模が大きくなれば、それだけ背負うものも大きくなります。従業員とその家族のことまで考えると、経営者の手腕には数百人、数千人分の生活がかかることになりますし、資

金調達で借入をしていれば、億単位の借金を背負う覚悟も必要で
しょう。このような重責を担える人材が市場に多くはないこと
も、想像に難くありません。大きな法人であればあるほど、承継
の難易度は上がっていくはずです。仕組みを作り属人化を解消す
る、早い段階で人材を求め後継者を育成する、M&A で吸収され
る……様々な方法があろうかと思いますが、強力なトップが不在
となるタイミングで業界の勢力図が大きく変わる可能性は十分に
考えられます。

競争環境において考えておきたいこと

　私がこの業界に入った時、士業の競争環境は既に存在していました。バブルの頃は事務所に座っていれば不動産登記の依頼が来ていたとか、ある事務所は過払い金返還請求業務で一気に経営基盤を固めたらしい、などという話は耳にしていましたが、私自身は全くそのような状況は経験したことがありません。経営が苦しい時や、資金が足りず新規事業への参入を断念したときなどは、自分もそのときに開業していれば……と雑念が頭をよぎったこともあります。

　しかし、決して楽ではない環境で試行錯誤しながら経営できたことは、むしろ幸運だったと思います。どんなに良い状況であっても、それが永遠に続くわけではありません。世の中は常に変化しています。たまたま市況が良いときに起業するよりも、はじめから厳しい環境で鍛えられ、適応力を身につけることの方が、長い目で見ればプラスになるはずです。また、事務所のサービス品質や労働環境が、試行錯誤の中で磨かれていくことは、お客様や従業員にとっても良いことです。厳しい競争環境も、この「三方よし」が実現するならば、むしろ歓迎すべきことではないでしょうか。

　事務所経営は、確かに大変です。重圧で眠れぬ夜を過ごすこともあるでしょう。それでも、もし読者の方の中に、これから独立して経営者になろうとする方がいらっしゃるなら、士業の力で社会に貢献するために、勇気を持って飛び込んで頂きたいと思います。

1＼ 自分、そして事務所のビジョンは何か

　世の中を見渡してみると、多くの企業が「経営理念」や「ビジョン」など組織の価値観や経営方針を掲げています。私も事務所経営においては、「企業理念」「行動指針」「ミッション」「バリュー」を定めた経験がありますし、現在携わっている会社でも「ミッション」「ビジョン」「クレド」を言語化しています。この「言語化」の工程は存外に難しく、策定するときにはかなりのリソースを注ぎます。目指したいことや大切にしたいことは、いくらでも頭に浮かぶのに、それらを的確に表現する言葉がなかなか見つからない。言葉にした途端、違和感を覚えて考え直す。こんなことの繰り返しです。

　この「言語化」は非常に重要なことだと実感しています。経営の出発点は経営者の意志であり、経営を推し進めるのもまた然りです。その意志が曖昧な状態であれば、事務所として目指すことが曖昧になってしまいます。まずは、自分は事務所の経営によって何を成し遂げたいのか、どうなりたい（ありたい）のか、こういったことについて徹底的に内省し、「自分の言葉で」可視化しておくことをおすすめします。

　正解があるわけでもありませんし、借り物の言葉や、見栄えのいい言葉で取り繕っても意味がありません。率直な自分の想いにしっかりピントが合い、その言葉に素直に肯けるところまで突き詰めてみてください。先に触れたように、言語化そのものにスキルを要しますし、自分だけで内省していると世界が狭まることもありますから、会社の理念策定に長けた外部のコンサルタントに

伴走してもらうのも一手です。私は、壁打ち役になってもらうだけでも（相手の腕前にもよりますが）大変助けられました。

　これらの明確化され、客観視できる意志は、厳しい競争環境で様々な意思決定を迫られる経営者にとって、いつでも立ち返ることができる拠り所となります。経営とは意思決定の連続です。実務を抱えながら経営を担っている方であれば、経営者とプレイヤーという立場の使い分けも必要であり、難易度はさらに高まります。専門性が極めて高い士業の業務においては、実務判断だけでも一苦労です。

　そんな中、経営者がAかBの道を選ぶ時、判断に必要な情報がすべて揃っていることは稀であり、時間も必ず限られています。それでも、どんな状況であれ決めるべきことは決めなくてはならず、経営の趨勢は最終的に経営者の「決断」に委ねられます。そんなとき、この言葉に立ち返ることで、「目指していることは何だったか」を思い出し、できるだけ決断の軸がブレないよう保つことができます。

　また、理想の状態が定義されていれば、現実と比較して差分を明らかにすることができます。その差分を埋めるために何をしなくてはならないかを考え、達成すべき目標に設定することで、場当たり的な行動に終止することを避けることができます。私は、理想の状態に近づくためには、目の前の課題を改善していく「現在地点からのアプローチ」と、理想からバックキャストしてアクションを決める「理想地点からのアプローチ」の2つを並走させることが重要だと考えています。

　経営の現場においては、眼前に迫る課題をノータイムで解決し

なくてはなりません。しかし、そのことばかりに目を奪われていると、漸進的な変化しか起こせず、事務所が大きく飛躍するアクションに繋がらない場合があります。また、眼前に迫る課題が「緊急性が高く重要な事項」であるのに対して、遠い理想へ向けて起こすアクションは「緊急性が低い重要な事項」であることが多く、後回しにされがちです。スティーブン・コヴィー氏も名著『7つの習慣』において述べているように、このような緊急性が低い重要な課題については、優先的に取り組む時間を確保し、いつになっても取り組めないという状況から脱却することが重要だと認識しています。

　これらの可視化された言葉は、組織づくりや社内外の広報活動に連動させることができますが、この点は第5章で詳述します。

2 プロダクトアウトとマーケットイン

　自社の商品を設計するとき、私は「プロダクトアウト」と「マーケットイン」を意識するようにしています。プロダクトアウトは、売り手のアイデアによって商品やサービスを設計し、「売りたいものを売る」スタイル。マーケットインは、顧客やマーケットのニーズに合わせて商品やサービスを設計し、「求められているものを売る」スタイル。初めはこれくらいの理解で「マーケットインの方が顧客重視でいいじゃないか」と思っていました。

　ところが、よく考えてみるとそう単純な話ではありません。「売り手のアイデア」も顧客やマーケットのニーズを念頭におくことはあるはずです。マーケティングのことを考えるとき、顧客の

ことは全く考えずにビジネスアイデアを練る、ということの方が珍しいのではないでしょうか。そうすると、プロダクトアウトが売り手の都合ばかりを優先しているビジネススタイルだとは言い切れません。顧客やマーケットの潜在的ニーズを嗅ぎ取り、今までにない商品のアイデアが生まれれば、競合他社と差別化を図るチャンスです。マーケットインの発想でも、顧客のニーズに応えるという方針だけでは、単なる御用聞きになってしまいます。避けなければならないのは、自分たちの都合だけで、つまり顧客のニーズを無視して事業を組み立てることです。

　結局、この2つのアプローチは、優劣で語るものではないと考えています。競争環境において目指すことは「顧客から選ばれる」事務所になることであり、その中心には顧客のニーズがあります。顕在化している顧客のニーズに、できるかぎり応えるためにはどうすればいいのか考える(マーケットイン)。潜在的な顧客のニーズを探り、自分の事務所ならではのサービスを考える（プロダクトアウト）。こうして角度を変えながらも、独りよがりにならず、あくまで顧客を中心に据えて事務所の経営を考えていくことが、競争環境を生き抜くために必要なことではないでしょうか。

　私が開業したてのときは、金利の引き下げによる住宅ローンの借り換えが盛況でした。住宅ローンを利用する際には金融機関が顧客の自宅に担保権を設定しますから、不動産登記の業務が発生します。一般的に、この業務は司法書士が担いますが、住宅ローン利用者の中に「知り合いに司法書士がいる」という方はあまり多くありません。そのような場合は、金融機関の担当者が司法書

士を紹介して、顧客に引き合わせるという慣行がありました。司法書士からすれば、BtoBtoCのビジネスです。多くの銀行担当者からのファーストコールを獲得することが、仕事を増やす一つの手段となっていたのです。

　この事業モデルにおいて、私の商圏では、住宅ローン利用者が金融機関に提出すべき公的書類の取得を司法書士が代行するという方法が存在していました。法務局にいけば誰でも取得できる書類ですが、平日の昼間にわざわざ出向くのは面倒ですし、取り慣れていない書類を揃えるのは一苦労です。また、金融機関としても、司法書士が準備した書類であれば不備は格段に少なく、取得の方法を顧客に説明する手間も省けますから、業務は効率化されます。まさに、顧客のニーズに合わせてサービスを展開するマーケットイン的な発想で生まれたサービスといえるでしょう。

　私もこのサービスは取り入れるべきだと考え、実行に移しました。仕事をいただきたいという気持ちはもちろんありますが、そもそも顧客が求めていて、自分たちにできることですから取り組まない理由がありません。しかし、他の司法書士と同じことをしていても差別化はできないわけです。ここで、何か自分たちの強みを活かしてできることはないかと考えます。私はこの頃から、仕事の「スピード」にこだわっていました。どんな仕事であれ、迅速に対応し、お客様に時間という価値を生み出すことは大切だと考えているからです。そこで考えたのが「書類は4時間以内にお届けします」という時間のお約束でした。

　金融機関の担当者と会話しているなかで、提出された書類は融資の審査部に送り、審査の結果を受けて案件を次のステップに進

めることができるという情報をキャッチします。さらに、月末が近づいてくると、その月の営業成績を気にされていることがうかがい知れます。発注のきっかけを作ってくださる金融機関の方々には「速く書類を入手して審査部に回したい」というニーズがあったわけです。このニーズと自分の強みである「スピード」をかけ合わせれば、答えは簡単に導き出せます。しかし、「迅速に書類をお届けします」ではインパクトに欠けますし、曖昧なお約束ではビジネスになりません。そこで「4時間以内」という時間設定にたどり着きました。潜在的な顧客（この場合は紹介者）のニーズを察知して、自社が提供したい価値を軸にサービスを発想するプロダクトアウト的なアプローチでした。

　お読みになって感じた方も多いと思いますが、特に斬新というわけでもなく、極めて地味なビジネスアイデアです。実際のアクションも、依頼をいただくとすぐに4時間を計算し、あとは走り回って書類をお届けするだけという泥臭い施策です。しかし、ありがたいことに「こんなに速いの？」と感動していただけたこともありますし、あの事務所は対応が速いというイメージを作ることができたことで、多数の依頼に繋がりました。顧客のニーズに応えるという姿勢をベースにしながらも、自分が提供したい価値からも発想する。このようなスタンスが、競争環境から抜け出すために必要だとあらためて思い出すエピソードです。

本章のまとめとして

　本章では、業界をとりまく環境とそれに対する私見を述べてきました。事業環境の精緻な分析というわけではありませんが、現実に確かにある事象を取り上げ、私が直に触れることで考えてきたことを記しています。

　先にも述べましたが、士業と一口に言っても、それぞれの資格によって事業環境は異なっているはずです。ご自身の業界に当てはまること、そうでないことがあろうかと思いますが、いずれにしても隣接の士業と比較し「自分の業界ではどうか」と考えていただくきっかけになれば幸いです。これから事務所を立ち上げるにせよ、既に経営している事務所の未来を考えるにせよ、次に取るべきアクションを決めていくには、あらためて自分が戦うフィールドに目を向けることが必要となるでしょう。

第 2 章

マーケティング

MARKETING FOR PROFESSIONAL FIRMS

士業にマーケティングは必要か？

　事務所の商品をいかにして売るか。私は、士業事務所にとってのマーケティングを、このテーマについて戦略、戦術を策定することと理解しています。営業は、その戦略、戦術に基づいて実際に顧客にアプローチし、案件を獲得する部分という整理です。もしかしたら、「商品を売る」という表現はあまり士業に馴染まないと感じる方もいらっしゃるかもしれません。私は、士業は「物」を売るわけではありませんので、サービス業の一種だと考えています。事務所経営をしていた時にも、このことは明確にメンバーへ伝え、いかにして良いサービスを提供するかを考えるようにしていました。「法的なサービスを提供して対価を得る」という自らの生業を、「法的なサービス＝商品」を、「提供して対価を得る＝売る」と解釈することで、冒頭の表現に至っているわけです。

　多くの士業事務所においては、顧客のことを「依頼者（依頼前であれば相談者）」と呼称しますが、私の事務所では「お客様」という言葉を用いていました。顧客からお金をいただいて事務所が成り立ち、自分たちも給料をもらうことができるという意識を忘れないように、より一般的な言葉を使うようにしたかったからです。

　士業は、法に基づいて活動する公共性の高い職業です。その力は、社会に貢献されて然るべきだと思います。しかし、お金をいただく以上、事務所の経営は「商い」であることもまた事実です。利益を出せなければ事務所は潰れてしまい、継続的に社会へ貢献することは叶いません。暴利を貪るのはもっての外ですが、適正

なサービスを、適正な価格で提供し利益を得ることは、士業にとってその役割を果たすために必要なことだと思います。

　私は、社会貢献とはボランティアで困っている人びとを助けるといった活動だけではなく、①業務そのもので社会の役に立つこと、②継続的な雇用を生み出し、地域の経済を支えること、③収益を出し納税すること、この三つの側面で捉えていますので、この意味においてもきちんと「商い」を成立させる必要はあると考えています。これらを踏まえて、本書では「士業にマーケティングと営業は必要か？」という問いに対して、「商い」を成立させるための手段として、事務所規模の大小を問わず必要なことという立場を取って話を進めていきます。

マーケティング、営業と業務マネジメント

　案件を受任し、その案件を法的に処理して完結させる。単純に言えば、この繰り返しによって事務所は売上を立てることができます。前者は、本章で扱うマーケティングと営業、後者は業務マネジメントがテーマになります。どれだけ案件を受任したとしても、実務処理ができなければ依頼者にご迷惑をおかけするばかりで事業は成り立ちません。士業事務所の案件は、高度に専門的で、重い責任を負うものですから、実務処理の「品質」を一定の水準に保つ必要があります。また、実務処理のキャパシティを超えてしまうと、案件が舞い込んできても「今は手一杯で受けられない」という状況になってしまいますから、実務側で処理できる「量」も重要です。

　では、「実務処理の体制を作ってから案件を増やす施策を考える」という順番が正しいのでしょうか？

　私は、これを明確に否定します。理由は三つあります。第一に、どれだけ品質が高く効率のいい実務処理体制があっても、案件がなければその価値を発揮することができません。案件を供給できる仕組みづくりに失敗すれば、実務処理の体制を作るためにかけたコストは水泡に帰します。

　第二に、実務処理体制の整備とは何を指し、どうすれば完成するのでしょうか。その点は、非常に曖昧になりやすく、完成の基準に至っては存在しないとさえいえます。曖昧なことの完成を目

指している間にも、コストはかかり続けます。たいていの場合、事業にそれを許容する余裕はありません。

　第三に、案件の実務処理は「やってみなければわからない」ことが多く、反対に「数をこなすことで品質や効率を上げる」は定石です。品質や効率を上げるためには、実務経験を積むための案件が必要です。

　もちろん、案件を増やすだけでいいという考えではありません。案件を受任する仕組みと実務を処理する仕組みは、事務所にとっては車の両輪です。どちらも正常に機能していないと、経営はゴールに向けて進めずコースアウトしてしまいます。しかし、両方に対して同時に 100% のリソースを割くことは現実的に不可能です。

　既に述べてきたように、限られたリソースの配分に頭を悩ませるのは、経営者が背負う宿命です。そんな中で、新規の事務所や事業を立ち上げる時に、どちらかに比重を寄せなければならないならば、迷わず案件を増やすための施策を選ぶべきでしょう。十分すぎる量の案件を供給する仕組みが確立していて、崩れる見込みもないという状況でなければ、マーケティング、営業にリソースを注ぎ続けるしかありません。

　いつ、どのような状況になるかわからないのが事業の常です。「今は体制を整えよう」と動いているうちに案件が減り、慌てて腰を上げても間に合わなければ経営は破綻するだけです。経営者が、そのようなリスクを放置して良いはずはありません。そう考えれば、業務マネジメントの重要性を理解し、一定のリソースを割きつつも、いつ何時でも、案件を増やすアクションを続けていくしかないのです。

ビジネスモデルを明らかにする

　「目に見えないものはマネジメントできない」。ビジネスの世界では、よくこの言葉を耳にします。確かに、対象がどんなものかわからない、あるいは曖昧にしかわからない状態で、最適化するためのアクションを決めようとしても不確実性が高すぎます。

　このことから、士業事務所のマーケティング、営業を最適化していくためにも、対象＝事務所の事業、つまりビジネスモデルを可視化し明確に認識することが必要だといえるでしょう。私は、基本どおりに4つの構成要素に分けて事務所のビジネスモデルを考えています。

① 何を売るのか（商品）

② 誰に売るのか（ターゲット）

③ いくらで売るのか（値決め）

④ どうやって売るのか（集客と営業の手法）

　新規の事務所や事業であれば、この4つの項目に沿って、これからどのようなビジネスモデルで事務所の事業を展開していくのかを決めていきます。既存の事務所や事業であれば、いま営んでいる事業をあらためて可視化して、明確に決まっていないところや見直しが必要なところがあれば突き詰めていきます。士業は取り扱うことのできる業務が多岐にわたっている場合もあり、業務ごとにこれらの構成要素は異なっています。それぞれの業務について、切り出しながら検討を進める必要があるでしょう。

　このあたりまではセオリーどおりなのですが、事務所の経営全体を見渡してみると、取り扱う業務の間には、ある種の有機的な繋がりを見いだせる場合があります。異なる業務間のシナジーともいえるかもしれませんが、もっと全体感を有する繋がりで、私は有機的な繋がりといったほうがしっくりきます。

　ある業務が別の業務を呼び込む、顧客を交差させる、メンバーの意識を変えていく、事務所のイメージを形作る、そんな化学反応を起こしながら、業務の繋がり全体が事務所を構成している。そんなイメージです。

　業務ごとのビジネスモデルを明らかにすると同時に、この有機的なつながりを見出していくことで、事務所のビジネスモデルの全体像が明らかになっていきます。

　経営の状態を科学的に詳らかにし、分析していくことは重要ですが、思ったほど割り切れない部分があるのも経営です。明らかにすることが大事だといっておきながら、感覚的な話になっているかもしれませんが、経営者が持つ血の通った感覚は絶対に大事にしなくてはならないと私は考えています。

PPM（プロダクト・ポートフォリオ・マネジメント）分析

事務所で複数の事業を展開する場合、それぞれの事業がどのような立ち位置にいて、どれだけのリソースを投下していくべきかを分析する方法として PPM 分析というフレームワークがあります。まずは、各事業を次の 4 つに分類していきます。

PPM分析とは

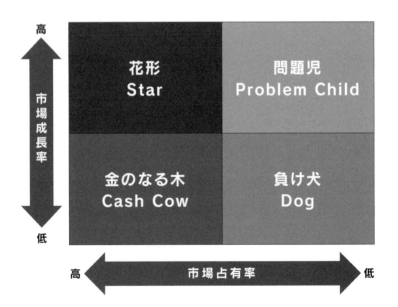

1＼ 金のなる木

　市場成長率は低いものの、市場占有率は高い事業です。参入する競合相手は少なく、大きな投資をすることなく安定した収益が期待できます。例えば、各士業における伝統的な業務で、市場が大きくなっているわけではないけれど、この商圏ではトップ5のシェアは取れているという状況であれば、既に事務所の認知度も高いでしょうし、今から大きな投資をしなくとも安定して収益が得られる大切な事業だと判断できる、というイメージです。

2＼ 花形事業

　市場の成長率、市場占有率も高い事業です。市場が伸びているので参入する競合相手が多く、市場占有率を維持するため多くの投資が必要です。維持できれば、市場の成長が鈍化した際には金のなる木になる可能性があります。

3＼ 問題児

　市場成長率は高いものの、市場占有率が低い事業です。積極的に投資をして市場占有率を上げることができれば、花形事業、さらに金のなる木への変化を狙うこともできますが、うまくいかなければ赤字事業になる可能性もあります。

4 負け犬

　市場成長率、市場占有率ともに低い事業です。追加の投資をしなくとも、安定した利益が見込まれるなら維持することも考えられますが、市場が縮小していくようてあれば撤退を検討すべきです。

　このフレームワークは、各事業の立ち位置を可視化できるという点で、ビジネスモデルの可視化とはまた違った意味があると思います。気をつけなければならないのは、やはり事業同士のシナジーや事務所の事業全体を見渡す視点は含まれていないということです。各事業がどのような状態にあるのかを個別に整理しながらも、俯瞰することを忘れずに、事務所の経営戦略を立てていくことが大切です。

コンサルタントは必要か？

　マーケティング領域においては、市場の調査・分析、商品の企画、価格設定、広告・プロモーションなどが具体的なアクションとして考えられます。営業においては、営業先の検討・営業活動、受注処理、アフターフォローといったことが挙げられるでしょう。規模の大きな企業では、それぞれの部門が分かれていて、分業していることもあるでしょうが、多くの士業事務所においては未分化で、経営者自身がすべてを担うケースも多いと思います。

　私も例に漏れずその状況で、ゼロから自分で考え、決断し、実行してきました。案件を増やすために心を砕きながらも、実務処理、人材戦略、財務戦略……経営に関するすべてのことを担うのは、かなりの負担です（それが経営の醍醐味でもありますが）。また、これらすべての領域について専門的な知見を持っているわけではありませんから、色々と勉強しながら、手探りで進めるしかありません。「果たしてこれで合っているのだろうか」という思いも頭をよぎります。所内に各領域の専門家がいれば良いのですが、そのような人を雇う余裕もありません。

　そこで、私が取り入れたのが外部のコンサルタントです。所内に量・質ともにリソースが足りないならば、外部のリソースを借りて補おうというわけです。

　コンサルタントという存在は、実体がよくわからず、怪しいという印象をお持ちの方もいらっしゃるのではないでしょうか。率直に申し上げて、コンサルタントごとに実力には大きな開きがあ

ります。豊富な知見を有し、第三者の立場から経営を強力にサポートできる方もいれば、コンサルタントとして全く機能しない方までいるという幅の広さです。コンサルティング会社と契約したとしても、担当コンサルタントがつく場合には、経営者との相性も極めて重要です。このあたりは自分自身がコンサルタント側に立ってみても、痛切に感じています。

コンサルタントはどうあるべきかという論考は本書のテーマではありませんので割愛しますが、ここで重要なのは、何のために外部のリソースを取り入れるのかという「目的」です。コンサルタントに依頼するのは「手段」であり「目的」ではありません。

コンサルタントに何を求め、どのような結果を取りに行くのかを明確にしておかなければ、支払う報酬も道端に捨てるようなものです。どのコンサルタントと付き合うのかも経営者の目利きに委ねられますし、コンサルタントがどのような知見をもたらそうとも、経営判断は経営者自身の責任において行う最重要ミッションです。コンサルタントと同じだけの知見を身につけようというアクションは必要ありませんが（そうすると依頼する意味がありません）、自分自身が事務所経営の舵取りができるだけの実力を身につけておくべきでしょう。

士業事務所もコンサルタントを活用すべきだなどと声を大にして言うつもりはありませんし、ここで自社の宣伝をしているのでもありません。しかし、マーケティング、営業に限らず、事務所経営において必要なリソースが不足しているならば、外部の力を借りてでも経営を最適化していく。こういう方法も躊躇なく選択する姿勢は、必要なのではないでしょうか。

挑戦の機会にはぶつからずにはいられない、頭に浮かんだらすぐに実行したい……私の性分はこのようなもので、気を抜くとあれもこれもと手を出したくなります。事業を拡大していくには、チャレンジ精神は大切です。いつも安全地帯にいて、リスクを負わずに戦っているだけでは、戦線は拡大できません。リスクとリターンの関係がいつも等しいわけではありませんが、ある程度は連動しています。

しかし、あまりにも多くの事業に手を広げてしまうと、どの事業も中途半端な状態に陥り、うまくいかないということは往々にして起こります。私も幾度となく痛い目に遭ってきました。そんな中で私が好きな考え方が「一点突破」です。

ランチェスター戦略は、戦争理論におけるランチェスターの法則をビジネスに応用したものです。50年以上前に提唱されたものですが、現代においてもよく取り上げられる大変有名なマーケティング戦略です。戦略の専門書ではありませんので詳細は他の書籍に委ねますが、この戦略では「強者のための戦略」と「弱者のための戦略」が説かれます。

局地戦においては、

ビジネスの競争力＝A（営業担当者の人数や広告費の規模）× B（商品力・ブランド力）、

広域戦においては、

競争力＝Aの2乗× B

と表されます。

広域戦になれば、組織の規模に連動するＡの影響が大きくなりますから、弱者は局地戦を選択し、リソースを商品力やブランド力に集中して戦うべきという結論になります。

　開業当初、私のステータスは、年齢24歳、業界経験なし、スタッフ1名（自分だけ）でした。業界では弱者の中の弱者です。同じ商圏には100名を超える事務所もありましたから、どうやっても物量では勝てません。そこで、弱者の戦略として局地戦を選択します（むしろせざるを得ません）。

　私は旧知を頼り、金融機関の担当者をひたすら訪問するという泥臭い戦い方を選択しました。単にご挨拶するだけでなく、何度も顔を出し覚えてもらいます。関係性ができてきたら、他の担当者を紹介してもらい、また何度も訪問します。そうする中で、徐々に仕事を任せてもらうようになり、局地的な戦闘においては勝てるようになっていきました。

　商品力やブランド力について意識したのは、自分の強みである「機動力と柔軟な対応」です。とにかく速く、小回りを効かせて動き回る。ご要望に対しては「どうすればできるか」を考え抜いてお応えする。いずれも基本的なことですが、徹底していくうちに「島田雄左は速くて融通がきく」というイメージを持っていただくことができ、局地的には大規模な事務所からのリプレイスも成功させました。自分の事務所よりも大きく、力のある競合先があったとしても、戦場を見極め、一点突破を狙いリソースを集中させれば、道を切り拓くこともできるのです。

事業計画の作成

　事業計画は、事務所が展開している事業が目論見どおりに進んでいるかを測るガイドラインになります。業績（例えば、今月の売上＊＊円）という「事実」が良いことなのかを評価するためには、何らかの基準が必要です。

　「事実」を評価できなければ、そこに意味を持たせることができません。売上が予算を割ったという「事実」について、想定していたよりもニーズが少ないのか、営業の施策が顧客とミスマッチなのかなど、その意味を探ることができれば次のアクションを決める材料となります。

　よく3カ年、5カ年の事業計画を作るということも耳にしますが、どれだけ先まで事業計画を作ればいいのかは、経営者の志向にもよると私は考えています。セオリーでは、中長期の計画を見据えながら現状を改善していくということなのでしょうが、とんでもない速度で変化し続けている昨今では、3年、5年という期間で巻き起こる社会の変化を読むことは、極めて難しいのも確かです。

　私も、今は管掌している事業規模も大きくなったので、数年先までの事業計画に基づいて経営していますが、開業からしばらくの間は1年分くらいのざっくりとした事業計画だけ作って、あとはひたすら走っていた記憶があります。これが良かったのか悪かったのかはわかりませんが、綿密に計画を立ててから動き出すというというより、まずはやってみる、すぐに動きはじめる、必

要に応じて軌道修正すればいい、と考える私の性質には合っていたような気がします。

　きちんと中長期の計画を立ててから動き出すとしても、この軌道修正は常に必要です。実際に事業を始めてから得られる生の情報を基に、適切なタイミングで計画を変更しながら前進します。

　当初立てた計画に固執して、誤った方向に進み続けてしまうとすれば本末転倒です。売上が未達だから安易に下方修正するというわけにもいきませんので、いつ、どのような理由で計画を変更するのかは経営者の判断次第ですが、柔軟性は常に持っておく必要があるでしょう。

　売上や利益という最終的な目標数値（KGI、Key Goal Indicator）に対して、どのような中間指標（KPI、Key Performance Indicator）を置くかも重要です。ゴールにたどり着くには、どのチェックポイントを通過していけばいいのかわかっていた方が進みやすい反面、細かすぎてあまり意味をなさない指標を設定すると、枝葉末節に目が行き過ぎて本質を見失うことがあります。

　仮に（表1）のような計画を立てたとします。目標とする売上300万円を達成するために、単価10万円の案件を30件受任する、そのために商談は60件を目指します。

（表1）

目標	数値	前工程からの転化率
売上	¥3,000,000	－
受任単価	¥100,000	－
受任件数	30	50.0%
商談件数	60	－

（表 2）

目標		数値	前工程からの転化率
売上		¥3,000,000	－
受任単価		¥100,000	－
受任件数		30	50.0%
商談件数		60	60.0%
内訳	A見込み	10	10.0%
	B見込み	40	40.0%
	C見込み	10	10.0%
営業接点		100	－

　ここで疑問に思うのは、商談 60 件を達成するために何をするのかということです。あらゆる方法を駆使して達成するから決める必要はないという考えで進むこともできますし、それでは指標が足りないと考えるのであれば「営業の接点 100 件」と手前の数値を置くということもできます。

　（表 2）では、営業接点 100 件から、商談の見込み度合いを 3 段階に分けて目標を設定しています。こうすることで、より目指すべき行動が明確になるという場合もあるでしょうし、見込みはどうであれ営業接点から 60% は商談につなげ、そこから 50% を受任するという指標のほうがシンプルで目指しやすいということもありえます。最終的に達成したい業績に対して、何を指標としておけばボトルネックが見えてくるのか、あるいは効果的な行動が明確になるのか、このあたりは事業ごとに試行錯誤するしかないでしょう。

　所員と数値を共有して追っていく場合には、あえて最終的な目

標値ではなく手前の指標を追ってもらうという方法もあります。売上目標を追っている場合、たまたま大きな商談が決まって達成するということもありえますが、次月も同じことができるかは不確実です。経営者としては売上を追いつつ、所員には商談60件をコンスタントに達成することを求めることで、安定した業績の達成を目指します。

　もちろん、商談から受任への転化率が50%を割る、受任単価が10万円を割るということが起これば売上は未達です。そのあたりの読みを踏まえて、何を追ってもらえば最も目標業績の達成に近づけるのかを判断していくのも事務所経営者の重要な仕事といえるでしょう。

差別化する要因

　「他の事務所と差別化したい」と考えるとき、私は『司法書士のためのマーケティングマニュアル』（株式会社 船井総合研究所 司法書士事務所コンサルティンググループ著 第一法規株式会社）に書かれていることを思い出します。今では新訂版となっていますが、私はまだ大学生の頃に改訂される前のこの書籍に出会い、様々な場面で活用してきました。

　同書では、他事務所との差別化要因についても具体的な項目を挙げて述べられています。1 つの要因で明確な差別化ができる場合もありますが、いくつかの要因を組み合わせることで、事務所に独自の特徴を持たせることも一手です。業務によっては、成果にほとんど差がつかないもの（不動産登記業務など）もありますから、そういった場合は別の要因を見つけないといけません。ここでは同書で挙げられている 8 つの要因に沿って、私の考えを述べていきます。

1 立地

　私は、事務所を構える場所には、こだわりを持ってきました。開業当初は都市部のレンタルオフィス、次に都市部から車で 30分程度の路面店舗、それ以降は概ね大きな駅から徒歩圏内のオフィスビルを選んでいます。ターゲットとする顧客（BtoB、BtoCのいずれも）のアクセスを考えているのもありますし、「その場所

にオフィスを構えている」という事務所のイメージを構成するものでもあります。

　もちろん、その商圏の競合事務所や、マーケットのポテンシャルなどをリサーチし、自分の事業に合っているかも考慮しなくてはなりません。採用という観点でも、通勤しやすい場所であるか、働く場所として魅力的かどうか（例えば「丸の内で働きたい」といった街のイメージ）も大切な要素です。これらを総合して、事務所の場所を決めていきます。

2＼ 規模

　私は、事務所の規模は、一貫して「大きくする」という方針で事業を進めていました。事務所が一定の規模になったからこそ引き受けられる大型の案件もありますし、顧客によっては事務所の規模に安心感を持ってもらえることもあります。取り扱っていた業務の性質上、当事者が異なる場所（東京と福岡など）にいることも多かったので、複数の拠点を有することでお引き受けできた案件もよくありました。同一商圏では、そのような案件に対応できる事務所は極めて少なかったので、大きな差別化要因となっていたと思います。

3＼ ブランド

　他の事務所と同じではなく、「この事務所ならでは」という認知が取れれば、ターゲットに依頼先として想起してもらいやすいは

ずです。既に述べてきましたが、こだわっていたイメージは「速く、柔軟な対応」です。若かった自分の年齢とも整合性がありましたので、勢いのある事務所という認知も同時に狙っていました。

4\ 商品力

「自分の事務所にしかない」独自のサービスを作ることができれば、大きく差別化することができますし、提供するサービスの質やバリエーションによっても、事務所を特徴づけることができるでしょう。カテゴリとしては同じサービスであっても、何か事務所ならではの付加価値をつけ「そこまでやってくれるのはこの事務所だけだよ」と評価されれば、大きなアドバンテージとなるはずです。

5\ 販売力

当然のことですが、全く同じサービスであれば、販売力が高い方がビジネスでは優位に立ちます。商品力の差別化は目指さず、圧倒的な販売力に軸足を置くという戦略もあるはずです。複数の販売者がいる場合には、プロセスを仕組み化する、販売ノウハウをシェアする、適切なトレーニングを施すなど、組織的に高い販売力を構築することが考えられます。

6\ 接客力

士業業界においては、接客に注力している事務所はあまり多く

ないように思います。顧客とのコミュニケーションは、信頼関係の構築、ひいては案件を受任できるかに大きく関わる重要な要素です。BtoBtoC のビジネスにおいては、高い接客力で顧客対応をすることで、紹介者たる中間の B に対して大きな価値を提供できます。

反対に、紹介した自身の顧客に対して、失礼な対応をされてしまっては紹介者の面目は丸つぶれです。この点は、私も非常に重視していました。単に丁寧な対応をするだけでなく、関係当事者の立場へ配慮し、適切に立ち回ることで「○○さんの案件では本当に助かったよ」というお声をいただけるよう心がけていました。

7 ＼ 価格力

提供するサービスに対して、いくら支払うことができるかを決めるのは顧客です。顧客から見てサービスに見合う価格にすることはもちろんですが、例えば、他事務所よりも安価な設定にすることで競争から抜け出せることもあります。ただ価格を下げるだけでは利益が減るだけですから、業務を効率化してコストを抑え利益率を維持するのか、案件のボリュームで利益率の低さをカバーするのかなど、合わせて考えていく必要があります。

私は、フロント商品の価格を抑えて多数の引き合いを獲得し、バックエンド商品の受任へつなげるといった方法をよく採用していました。この場合、バックエンドへ繋がらなければ単純に赤字なので、販売力や接客力は同時に磨いていく必要があります。

フロントで法人設立にかかる費用を負担して、バックエンドの

法人顧問業務を受任する税理士事務所などは典型的な例でしょう
し、不動産や自動車の一括査定など、他の業界でも活用されてい
る手法です。

8 \ 固定客化

　新規で顧客を獲得するよりも、既存の顧客から繰り返し受任す
る方が営業コストは少なく済みますし、収益の安定性にも繋がり
ます。固定客化する仕組みを持ち、一度でも接点を持った顧客は
高確率で手放さないという状態を作ることができれば、他事務所
のリプレイスも防ぐことができ大きな強みとなります。アフター
フォローの仕組みを充実させる、顧客の情報を集積してリスト化
し、定期的に情報を発信して接点を持ち続けるなど、様々な施策
が考えられます。

　これらの要素において、事務所が差別化できるポイントがどこ
にあるのか、事業環境を鑑みて、何で差別化できるとビジネス上
の優位に立てるのかを検討していくと良いでしょう。避けなけれ
ばならないのは、ここが強み、ここが差別化のポイントと自分で
は思っていても、顧客からすれば大した違いには感じられない、
あるいは「それは別に求めていない」と思われる事態です。他事
務所との差別化を期する場合にも、顧客のニーズをしっかりと掴
んでおくことが重要です。

COLUMN 自宅開業という選択肢

　士業の事務所では、自宅兼事務所という形態をよく見かけます。これから開業しようとする方にテナントを借りるべきかと質問されたこともありますが、これもまた経営における選択肢の一つであり、正解はありません。間違いなく大切なことは、開業する目的や、自身が事務所経営で目指すこと、展開する事業の態様から考えて適切な手段を選択するということです。自宅開業の方がコストを抑えられたとしても、上場企業の企業法務を中心に扱っていきたいという展望があるのであれば、私なら間違いなくオフィスを構えます。地方都市で、地域密着のアットホームな事務所にしたいという方針であれば、自宅開業でも十分というケースもあるかもしれません。ただし、その場合でも、自分がどう感じるかより、相談者・依頼者の方々がどう感じるかが優先されるべきでしょう。

　私は、事務所を大きくしたいという展望がありましたし、BtoBtoC のビジネスで金融機関や不動産会社の方々とのお付き合いを想定していましたから、都市部のレンタルオフィスを選択しました。それも、開業した地方都市では一番栄えている街のど真ん中です。ちょっと調べればレンタルオフィスということはわかるのですが、オフィスの所在地から想起されるイメージもありますし、来客や外出時の電話はプロのスタッフが対応してくれます。こういった点から、少しでもプロフェッショナルなイメージやそこから生まれる安心感、信頼感を持っていただきたかったのです。いまになって振り返ってみれば、コストを掛けてでもオフィスを構えるという開業時の覚悟も含めて、良い選択をしたと思っています。

第3章

集客

ATTRACTING CUSTOMERS FOR PROFESSIONAL FIRMS

集客をいかにコントロールするか

集客。事務所経営にとって、永遠のテーマと言っても過言ではありません。私も本当にこの点には悩まされました。特に開業から間もない頃は、ずっと集客のことを考えていた気がします。なにせ、顧客と出会えなければ何も始まりません。どれだけ専門性が高くても、どれだけホスピタリティに溢れるサービスができたとしても、すべては顧客があってこそ。ここを突破できなければ、すべてが無駄になってしまいます。

経営的な観点では、この集客をいかにコントロールするかが重要です。偶発的な要素に任せるだけでは、常に経営が不安定な状況におかれ、何を改善すればいいかも見えてきません。自身の事務所がどのような集客手段を持っているのか、それらはどのような成果を出していて、これからどうなる見込みなのか、そして次に打つべき手は何なのか。これらを明確に認識していれば、少なくとも「どうすればいいかわからない」という状況は抜け出せるのではないでしょうか。もちろん、事業環境のすべてをコントロールすることはできませんし、不確定要素は常にあります。しかし、そのことはコントロールできることまで手放してしまう理由にはならないはずです。

「課題はわかるが対策が見えてこない」という状態と、「そもそも自分が何をしているかわからない」という状態では、同じ「どうすればいいかわからない」でも大きな違いがあることは明白です。本章では、いくつかの集客手法に触れながら、各論的な話をしていきましょう。

オンライン集客

　「IT 化」という言葉に古臭さすら覚えるほど、インターネット技術は人びとの生活に深く根ざし、当たり前の存在になりました。士業業界がこの流れに乗り遅れている感は拭えませんが、裁判手続きもオンライン化が進められているように、好むと好まざるとにかかわらず変化は訪れています。

　大多数の人びとがインターネットを利用して情報を収集し、商品やサービスを選び、購入しているのであれば、提供する側の経営者がそのニーズに応えない理由はありません。そちらの方が儲かるからという次元の話ではなく、ターゲットにとって当たり前となっている利便性を備えるという初歩の話であり、なるべく顧客に不便な思いをさせない「配慮」といってもいいかもしれません。国家資格者が「不便な存在」になってしまっては、その使命に悖るといわざるを得ないでしょう。

　もちろん、大多数の人といってもすべての人がインターネットを中心に生活しているわけではありません。そのような方々へどのようにしてサービスを提供してくかも大切な論点ですが、それはインターネット技術をどのように事業へ取り入れるかということとは、また別の課題として捉える必要があるでしょう。

1　ホームページは必要か？

　このような背景を踏まえれば、集客もオンラインを活用しない

手はありません。何かしらの接点を持ったターゲットが、事務所のことをいくら検索しても会の登録情報しか出てこないという状況になれば、別の事務所へ流れて行っても仕方のないことです。よく「敷居が高い」といわれる業界でもありますから、できるだけ情報を開示し、少しでも相談前の不安を解消していただくためにもホームページは備えておいた方が良いと思います。

いわゆる「ホームページ」と言われるものの中でも、「オフィシャルサイト」と「特化型サイト」ではその態様が異なっています。

・オフィシャルサイト

主に事務所概要や取扱い業務、スタッフ紹介など、事務所に関する様々な情報が掲載され、事務所の顔とも言えるサイトです。一般的に「ホームページ」といえば、多くの場合はこのタイプが想起されるでしょう。誰しも、よくわからないもの、知らないものには不安を抱いたり、恐れたりするものです。オフィシャルサイトによって、少しでも事務所を知っていただければ、その不安や恐れを払拭し、安心して相談することに繋がるはずです。

視覚的な情報ですから、見た目のデザインも重要です。事務所として形成したいイメージに合わせて、色味やフォントなどにも工夫を凝らし、名刺や事務所の内装とも合わせていけば、総合的なブランディングにも活用できます。

・特化型サイト

提供するサービスごとに作成されるサイトです。債務整理業務の特化型サイト、交通事故業務の特化型サイトといったように特

定の分野に絞り、その業務に関する詳細な情報を掲載していきます。事務所の全体像を伝えるのではなく、特定のニーズに応えていくことが目的なので、そこからの問い合わせを獲得するためには効果的です。事務所の取扱業務が多岐にわたるのであれば、複数の特化型サイトを運営することも考えられるでしょう。

これらの特徴を踏まえ、誰に対して、何を発信し、どのような結果を得たいのかを明確に定め、制作へつなげていくことが重要です。「とりあえずホームページくらいは作っておくか」という取り組み方では、集客への効果は限定的なものになるでしょう。情報は、届けたい相手へ届かなければ意味がありません。制作側の想いは重要ですが、独りよがりなサイトでは無駄に工数をかけるだけになりかねません。

2＼ 士業と多様なWEBマーケティング

WEBマーケティングについて検索すれば、とてつもない量の情報が出てきますし、書店にもずらりと専門書が並んでいます。それほどに多種多様な手法があり、技術も日進月歩といった状況です。

ユーザーが検索した際の表示位置ひとつをとっても、SEO（Search Engine Optimization）対策をして上位表示を狙うのか、リスティング広告を出稿して広告欄に表示するのか、あるいは両者を組み合わせるのかなど手法は様々です（P62）。SEO対策は、取り組みをはじめてから上位に表示されるまでに時間がかかりますが、信頼性の高いコンテンツを制作していくことで、顧客との

Search JAPAN

東京 弁護士　　🔍 検索　　＋条件設定　　⚙ (ログイン)

ウェブ　画像　動画　知恵袋　地図　リアルタイム　ニュース　一覧　⚏　　　アクティビティ

🔍 東京 弁護士 無料相談　東京 弁護士事務所　東京 弁護士会館　東京 弁護士 検索　で検索

弁護士法人○○／初回法律相談無料-東京都・東京駅丸の内北口5分

広告 www.***-tokyo.com/

夜間・土日相談可。駐車場あります。
法律相談なら弁護士法人○○へ

東京都内で弁護士をお探しなら-弁護士法人○○○

広告 www.****-faw.com/

親身に相談に乗ります。交通事故・離婚・相続からビジネストラブルまで。　　**リスティング広告**
男女のトラブル・労働問題・争族のご相談

東京の弁護士なら-○○法律事務所

広告 www.*****.jp/

過払い金・借金のお悩みに、経験豊富な弁護士が対応します。

東京で逮捕・刑事事件のご相談なら-初回相談無料・電話相談可

広告 www.****keiji.com/

電話料金無料。経験豊富な弁護士をお探しの方、力になります。

東京弁護士会（法律相談・弁護士相談等）

www.toben.or.jp - キャッシュ

東京弁護士会は125年以上の歴史を有し、8700人を超える会員数を
誇る日本最大級の弁護士会です。このウェブサイトでは概要、活動紹　　**自然検索（SEO）**
介、相談窓口一覧やイベント・出版物 ...
会員サイト ログイン-事務職員求人-アクセス・連絡先-法律相談センター・窓口

弁護士に相談する – 東京弁護士会

www.toben.or.jp/bengoshi/ - キャッシュ

弁護士が皆さまの身近な相談窓口になるように、東京弁護士会は、都
内に各種法律相談センターを設置し、様々な相談に対応しています。ま
た、各種電話相談、特別相談窓口 ...

継続的な接点を作ることに繋がります。リスティング広告は、SEO対策に比べれば短期間で目立つ場所に表示できますが、広告を表示する検索キーワードの選定や、クリックされるごとに発生する広告費のコントロールが必要です。

ユーザーの検索関連では、地図検索における上位表示を目指すMEO（Map Engine Optimization）対策を組み合わせることもあ

Search
新宿 弁護士
すべて
地図
画像
ニュース
ショッピング
もっと見る
ツール
セーフサーチ
約11,100,000件(0.32秒)
検索結果：東京都新宿区・地域を選択
お店やサービス
評価
利用可能な時間帯
○○○法律事務所弁護士法人新宿支店
4.6 ★★★★★ (220)・弁護士
事業年数：10年以上・西新宿2丁目13-7 新宿アサヒ…
24時間営業
実店舗の営業・オンライン予約
ウェブサイト
ルート
弁護士法人 新宿○○法律事務所 新宿本部
3.8 ★★★☆ (88)・法律・税務サービス
事業年数：10年以上・西新宿2丁目10-10 新宿安田…
営業時間外・営業開始：月 9:00
ウェブサイト
ルート
新宿○○総合法律事務所
4.3 ★★★★ (99)・弁護士
事業年数：5年以上・新宿3丁目4-1 みつばビル…
営業中・営業終了：19：00
実店舗の営業・オンライン予約
ウェブサイト
ルート
その他のお店やサービス →
317
目白
中井
下落合
高田馬場
25
8
中央東線
新宿区
新宿三丁目
山手線
南新宿
初台
参宮橋
千駄ケ谷
代々木八幡
渋谷区

ります。WEB サイト検索の結果よりも上部に表示されるため、特定の地域における認知を高めるためには有効ですし、良い口コミを集めることができれば事務所への信頼性を高めることにも繋がります。MEO 対策では、競合が同一商圏の事務所に限定されるため、一般的に SEO 対策よりもかけるコストが少なく済む傾向にあります。地域性の高いビジネスモデルであれば、有力な手段となるでしょう。

　これらの集客方法では、目的を持って検索をしてきた人、つま

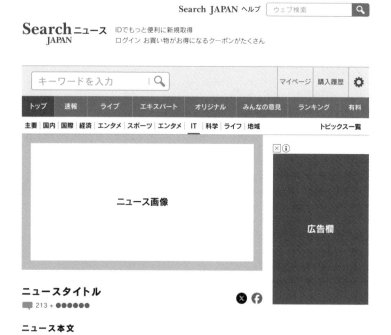

り顕在化したニーズを持っているターゲットを獲得することができます。一方で、潜在的なニーズを持っている層に対しては、ディスプレイ広告という手法があります。ディスプレイ広告は、GDN（Google Display Network）、YDA（Yahoo Display Ads）に代表されるように、WEB サイト上の広告枠に画像、動画、テキストを表示します。例えば、ヤフーニュースを見ていた人が、実は借金の悩みを抱えており、債務整理業務のディスプレイ広告を目にしてクリックするというイメージです。

　アフィリエイト広告は、WEB サイトやブログ、SNS などのメディアを運営するアフィリエイターが、自身のメディアに商品やサービスの広告を掲載し、広告の成果に繋がった分だけ報酬を得る成果報酬型の広告です。広告主が個人のアフィリエイターと直接契約するのではなく、仲介役として ASP（Affiliate Service Provider）という企業が介在するケースが多く、次のような流れて広告が運用されています。

① 広告主→ ASP　広告を出稿
② ASP →アフィリエイター　広告の条件を提示
③ アフィリエイター　条件に基づいて広告を掲載
④ ASP →アフィリエイター　広告の成果に応じて報酬の支払い
⑤ 広告主→ ASP　広告費の支払い

　このうち⑤について、例えば弁護士が広告の成果に応じて報酬を支払うと「非弁提携」として法に抵触するおそれがあります。それぞれの士業によって法の規制がありますので、適法な運用スキームとなるよう十分に注意が必要です。

　WEBマーケティングの業界には、士業事務所の経営者に甘言を用いて違法な連携を持ちかけ、食いものにするような悪質な業者が存在します。報道でも明らかになっていますが、実際に、弁護士との「非弁提携」で世の中を騒がせるような事件も起こっています。

　本章の冒頭でも述べましたが、集客は事務所経営にとって常に悩ましい問題です。そこにつけ込むような手口で近づいてきますから、毅然とした態度で関係を持たないことが大切です。非弁提携については、深澤諭史弁護士の著書『改訂版　これって非弁提携？　弁護士のための非弁対策Q&A』（第一法規出版）に詳しく記されており、私も大いに学ばせていただきました。自分の身を守るためにも、ぜひ手にとって頂きたい書籍です。

3＼ WEBマーケティングにおける事務所経営者の役割

　WEBマーケティングを活用して集客をするにしても、士業事務所の経営者自身がWEBマーケターと同等の専門性を身につける必要はないと思います。オンラインの世界では、様々な手法を駆使した激しい顧客の獲得競争が繰り広げられています。士業の世界と同じように、その道を生業としている人たちに伍するのは簡単なことではありません。資格者でもある事務所経営者には、自分（たち）の専門性を活かして相談者、依頼者の課題を解決し社会に貢献するという使命があり、それだけでもやるべきことは山積しているはずです。他の専門的知見を要することに関しては、うまく外部と連携するのが賢明だと私は考えます。

　士業事務所の経営者に求められるのは、連携する相手の目利き
と、どれだけのリソースをオンライン上の集客に注ぐかの判断、
あるいは決断です。知識は、その判断、決断をするために必要な
範囲で十分です。WEB マーケティングの重要性を理解しつつ、
それをどのように経営に活かすかを「決める」ことは、経営者に
しかできない仕事です。

　経営判断に必要な情報としては、

CPA（Cost Per Action または Acquisition：顧客獲得単価。反
響 1 件あたりのコスト）

CPO（Cost Per Order：受任単価。受任 1 件あたりのコスト）

ROAS（Return On Advertising Spend：広告費に対する売上の
割合）

ROI（Return On Investment：広告費に対する利益の割合）

受任単価（受任 1 件あたりの売上）

といった指標があります。

**【例】広告費 100 万円、反響 100 件、受任 10 件、売上 200 万
円、その他経費等 90 万円、利益 10 万円の場合**

CPA ＝広告費 100 万円÷反響 100 件＝ 1 万円

CPO ＝広告費 100 万円÷受任 10 件＝ 10 万円

ROAS ＝（売上 200 万円÷広告費 100 万円）× 100 ＝ 200%

ROI ＝（利益 10 万円÷広告費 100 万円）× 100 ＝ 10%

受任単価＝売上 200 万円÷受任 10 件＝ 20 万円

　これらの指標をモニタリングしつつ、事業計画から乖離するよ
うてあれば修正を加えていきます。この点は、他の事業と変わる

ことはありません。特徴的な点は、業績を改善していくためには広告と営業を両睨みする必要があるということです。

仮に CPA が想定よりも高額になっているとしたら、反響に至るまでの過程に課題があるということなので広告側の改善が必要です。しかし、CPO が高額になっているとしたら、反響の内容に課題があるのか、反響に対する営業に課題があるのかを切り分ける必要があります。どれだけ良い反響を得られたとしても、営業力や営業フローに課題があれば業績は悪化します。反対に、営業に課題はなくても（本質的に「課題がない」ということはありませんが）、案件にならない反響ばかりであれば結果は同様です。

どちらかだけではなく、双方ともに常に改善の余地はあるはずですから、この一連の流れを一気通貫でマネジメントしなければなりません。営業の担当者が「反響の内容が悪いから案件化できない」と主張し、広告側では「営業が数字を落としている」と言って反目し合うといったことは典型的に起こる事象です。経営者としては、広告の細かな内容を改善するための知見を持つというよりも、WEB マーケティングの仕組みを大枠で理解した上で、事業全体を見渡して改善の指揮を執る役割を担うことが重要です。

今回、広告費を 100 万円と設定してご説明しましたが、月間の広告費が 1 億円を超える事務所がいくつも存在します。WEB マーケティングを駆使する事務所経営者としては、そのような事務所とどのように戦っていくのかを考えていかねばならない時代です。事務所の規模を拡大し同じフィールドへの参入を目指すのか、ニッチなフィールドで一点突破を狙っていくのかなど、明確な戦略を持って臨む必要があるでしょう。

4 ＼ SNS による情報発信

　SNS（Social Networking Service）は、情報を発信する側、情報を収集する側の両者にとって、無料で手軽に利用できるツールとして多数の利用者を獲得しています。SNS で資格名を検索すると、士業業界においても多数のユーザーが積極的に活用している様を見て取ることができます。

　私自身も X（旧 Twitter）や You Tube などを活用して、多くの方々と接点を持つことができました。直接的な集客に繋がったこともありますが、事務所のブランディングにおいても大きな効果を実感します。

　初めてお会いする方でも、SNS の情報に触れてくださっていると、事務所に対するイメージを既にしっかりとお持ちだったりするのです。採用の場面では特に顕著で、応募してくださった方から「いつも You Tube を見ています！」と言っていただいたことは数知れません。私は、情報媒体としての性質上、次のような要因が事務所を特徴づけられたのではないかと考えています。

　　・かしこまらずに率直な言葉で語ることができるため、キャラクターを打ち出しやすいこと
　　・ターゲットにとって関心が高いと目される出来事について、素早く反応できること
　　・高い更新頻度で、ターゲットが事務所の情報に触れる回数を増やせること

　SNS を活用するにあたって私が心がけていたのは、とにかく

地道に情報を発信し続ける「継続性」です。最初は情報に触れて
くださる方も少ないですし、投稿のコツもわからず下手な文章を
投稿していたものですが、「まずはフォロワー1万人」と具体的
な目標を決めて、根気強く続けていきました。これまで動画も数
百本は制作しましたので、それなりのリソースを割いています
が、十分にその価値があったと考えています。

　SNSによる事務所への認知は、他の集客方法の成果や、接点
を持ったあとの購買行動にも大きく影響します。SNSプラット
フォームは、それぞれに特徴があり、ユーザーの層も異なってい
ますので、単体で利用するのではなく複数を併用することで、幅
広い認知の獲得へ繋がるでしょう。

　情報発信とは異なりますが、LINEを使った相談業務など、SNS
の活用方法には広がりが見られます。プラットフォーム側でも機
能が追加されていくなど常に変化は起きていますので、これから
新しい活用方法が生み出させる可能性も十分に考えられます。

オフライン集客

　人と人が直に出会い、ビジネスが生まれる。オンライン上の交流が盛んに行われようとも、この原点が失われることはありません。今や、ビジネスモデルによってはオンライン集客のみに特化して経営することもできる時代になっています。しかしそれは、あくまで経営者が取りうる手段が増えたということであり、オフラインの集客が過去のものとなったというというわけではありません。オンライン、オフラインの交流は、相互に関連し、影響し合いながら、人と人の繋がりに多様性をもたらしています。

1 異業種交流会は有用か

　ビジネス上の出会いを創出する場として、異業種交流会、名刺交換会などと銘打った会合は盛んに開かれています。様々な業界のプロフェッショナルが集まる場であり、ここで人脈を広げることができれば、新たなビジネスの機会を得ることができるでしょう。定期的に案件を紹介してくれる人との関係を多く持っておけば、集客の上で大いに助けられます。

　しかし、闇雲にそのような場に出かけて行ったからといって、成果が得られるとは思えません。多数のビジネスパーソンが行き交う中で、自分と仕事をしたいと思ってもらえる理由が相手にない限り、その場限りの世間話をして帰ってくるのが関の山です。

　①　自身のビジネスモデル

② どのような人物と繋がれば集客につながるのか

③ ②の人物に①をどのようにして伝えるのか

④ ②の人物にとっての協業メリットは何か

⑤ ②の人物と繋がった後、どのようなアクションをするのか

　少なくともこのあたりは明確にしておく必要があるでしょう。①②については第2章で述べたとおりです。

　③については、名刺や会社案内などのツールに工夫を凝らすのも一手です。視覚的なツールは、ターゲットに伝えられる情報の量と質に変化をもたらします。また、後日そのツールを目にしたとき、自分が不在の間に自分のことを想起してもらうという二度目の接点が生まれます。接点の回数は相手の記憶に留まるためには重要な要素です（第5章でもこのことに触れます）。

　④はターゲットの立場で考えれば当然のことでしょう。自分にとってなんのメリットもない協業を望む人はいません。競合事務所ではなく、自分の事務所と付き合う理由は何か、そこがポイントです。先述した差別化要因を踏まえ、伝えるべきポイントを整理しておくと良いでしょう。

　⑤は、速やかな連携を進めること、一過性の繋がりにしないことを目指して想定しておきます。私が開業当初から仕事の「速さ」にこだわっていたことは既に述べたとおりですが、初めてお付き合いする方とのファーストアクションは、極めて重要なポイントだと認識しています。

　人は見た目の第一印象が大切と言われるのと同様に、仕事の上では最初の行動が自分に対する印象形成に大きく影響します。経

験上、最初に「仕事が速いな」と思っていただくことのメリット
は殊の外大きく、反対にデメリットと感じたことは一度もありま
せん。

　こうしてビジネスが成立する要素を分解していくと、それなり
に筋の通ったものが見えてきますが、すべてが打算や理屈で片付
かないのが人の面白さです。信頼、期待、恩、義理、情……、人
は様々な感情を抱き、その人なりの道徳や倫理を持っています。
人と人が繋がるオフラインの場において、それらを無視すること
はできません。

　私もこのような会合に参加したことはありますが「自分のア
ピールばかりしてくるな」「打算だけで話しているな」などと感じ
る相手と仕事をしたいとは思わないものです。はっきりとした目
的意識を感じながらも、仕事に対する誠実さや、他者への配慮、
仕事を通じて成し遂げたい想いなどに触れ「ああ、この人と仕事
がしたいな」と感じるかどうか。そんな、ともすれば曖昧な部分
が大きく影響するのも、オフラインならではではないかと思います。

　参加する会合の選定も、目的を果たすための大切な要素です。
やや乱暴な例えですが、釣りたい魚がいない湖に出かけて行って
は、どれだけ準備していても、どれだけ優れた道具を持っていて
も徒労に終わるのは目に見えています。私の経験上、あまりに営
んでいる事業のフェーズが違いすぎると、連携しづらいケースが
増えるため、どのような参加者がいるのかはできるだけ事前にリ
サーチしておくことをお勧めします。

2〉セミナーの開催

　セミナーにおいて士業の先生方が講師を務めることは、今や目新しいことではありません。特に都市部においては多数のセミナーが開催されていますから、その中で成果を出すのは、ややハードルが高いようにも感じます。私も幾度となく講師をお任せいただきましたし、主催を務めたこともありますが、その中にはセミナー自体の集客がうまくいかず、目標とする参加者数を大幅に割り込んでいたこともありました。一方で、参加者数は目標を上回っていても、ターゲットとなる参加者が少なく、仕事には全く繋がらなかったこともあります。

　しかし、それでもなお多数のセミナーが開催されていることは、企画によっては有効な手段になり得るということを示唆しています。私の知る限りでも、定期的なセミナーに既存のクライアントを招き、関係性を維持・強化することで、安定した受注へ繋げている事務所もあります。簡単ではないとはいえ、セミナーを活用する道は十分に残されている証左と言えるでしょう。

　セミナーを開催にするにあたっては、次のようなことを決めていきます。

・開催の目的と目標

　目的を定める前提として、事務所経営における課題を整理し、セミナー開催によってどの課題を解決したいのかを明らかにする必要があります。セミナーも手段の一つにすぎませんから、セミナーは成功したが経営にはわずかな影響しかないということにな

れば本末転倒です。目標は、目的に照らして得たい成果指標（かけるコストと目指すリターン、集客数、アンケート回収数、商談数など）を具体的に定めると良いでしょう。

・ターゲット

　目的を果たすためには、どのような方々に参加していただく必要があるかという点です。年齢などの基礎属性や、職業、立場といった職業上の属性、○○の悩みを抱えている方といった状態で絞ることもあるでしょう。顧客をダイレクトに招く場合（toC）と、案件の紹介者を招く場合 (toB) では、随分と違ったターゲットになるはずです。目的とターゲットにズレが生じてしまうと成功のしようがありませんので、慎重に検討を進めていきます。

　あまりにピンポイントに絞り込みすぎると集客が難しくなりますし、予想外の層から反応があるということもありますから、ある程度は「余白」を持たせておき、開催を重ねながら精度を上げていくと良いでしょう。

・ターゲットを引き付けるためのコンテンツ

　セミナーの内容、タイトル、講師の選定など、どんな内容のセミナーにすればターゲットに参加してもらえるかという部分です。ターゲットがどのようなことに関心を抱いているのかを踏まえて内容を設計し、その関心を刺激するタイトルを冠します。「相続セミナー」「遺言セミナー」といったものでは、ありふれていて差別化はできませんし、具体的な内容が想起できないため、ターゲットの行動を喚起するには物足りないでしょう。

　自身が講師を務めるのか、外部の講師を招くかも内容によって
検討していきます。自分で講師を務めることで、特定の領域に強
い事務所というイメージ形成を狙うこともできます。外部講師に
依頼すれば、自分が得意とする領域ではなくとも開催できますの
で、回数を重ねていく中でコンテンツに変化をつけるには良い方
法です。他士業や他業種の講師を招くことで、お互いの顧客に
リーチし合うこともできますから、共同開催という方法も視野に
入れておくと良いでしょう。

・会場

　ターゲットにとってアクセスしやすく、セミナーのテーマに
合った会場を選定します。古くて暗いオフィスビルの一室という
わけにもいきませんし、扱うテーマによっては、あまり高級感が
あり過ぎてもミスマッチという場合もあります。

・ターゲットへのアプローチ方法（開催の前後）

　開催前はセミナーへ参加していただくためのアプローチ、開催
後は参加していただいた方を仕事へ繋げるためのアプローチで
す。前者は、ホームページや SNS での告知、新聞の折り込みチ
ラシ、直接的な営業活動など、様々な手段から目標とする集客結
果を期して選択します。後者は、アンケートによる情報収集、個
別相談会の開催、サンキューレターの送付、テレアポなど、開催
後に仕事へ繋げるためのアクションです。

　これだけのことを考え、企画していくわけですから、セミナー

を主催するにはそれなりの知見と工数（コスト）がかかります。また、一度で目的を完遂するタイプの施策でもありませんから、そこも見越しておかねばなりません。はじめは、セミナー開催について知見を持っている同業者やコンサルタントと手を組むことで、経営の負担を減らし、成功確率を上げると良いでしょう。

3〉事務所外の無料相談会

　過去に取り組んだ様々な施策の中でも、大型ショッピングモールでの無料相談会は、本当に記憶に残るイベントでした。事務所のメンバーは3名。場所は、事務所の商圏にあるショッピングモールの2階。土日の2日間で、どれだけ多くの方からお話を聞けるかの勝負です。ショッピングモールが閉まってから自分たちで設営を開始し、完了したのは深夜3時。帰って少しだけ眠ったら、事前準備のため現場へ向かいます。

　2つのブースを設けて、自分ともう一人の司法書士が待機……できればいいのですが、呼び込みもしないといけないので、チラシを手配りして誘導し、そのまま相談を受けていきます。体力的には本当にきつかったのですが、2日間で約40組の方々にご参加いただき、受任に繋がった案件もありました。アフターフォローが弱かったこともあり、残念ながら最終的には赤字でした。しかし、自分たちから出向いて行けば、潜在的に相談ニーズをお持ちの方に出会うことができ、地域にも貢献できることがわかり本当に嬉しかったことを鮮明に覚えています。

　無料相談会も、開催するにあたって決めることはセミナーの場

合と同様です。独特なノウハウとして挙げられることは、「相談
の目的と時間」です。相談の目的は「後日のアポイントを取るこ
と」、相談時間は「1人20分」と設定していました。

　普段の相談業務では、しっかりとお話をうかがって、相談者に
ニーズがあればそのまま受任まで進めることを目指します。しか
し、せっかく多数の人が行き交うところで開催しているのに、同
じ時間をかけていては限られた人のお話しかうかがえません。短
時間で要点を整理し、後日こちらからご連絡する日取りを決めた
ら相談終了です。もちろん、そのような趣旨は相談者の方にも事
前にご了解いただきます。参加者が少なければ普段どおりに時間
をかけてもいいかもしれませんが、わざわざ外部で開催する場合
だと、コストが勝ってしまうのではないかと思います。

　自分で本を書いておきながら、このテーマについて論じるのは些か妙な気もしますが、情報発信の手段として「出版」がどのような意味を持つのかには触れておきたいと思います。

　情報発信の手段は数多あれども、書籍ほどじっくりと腰を据えて自分の考えを述べられるものは他にない、と私は考えています。また、一度出版されればコンテンツは固定され、読者は何度も同じものを目にすることができます。オンラインの情報発信が、短いコンテンツを高頻度に発信し、必要があれば変更・削除できるのとは正反対の性質です。

　情報を発する目的は様々ですが、自分を特徴づけ、他者からの共感を獲得し、ファンを増やしていくことを目指す場合、書籍は他の手法よりも「深掘り」に向いていると感じます。物理的な「本」という媒体に記載された情報は、オンライン上のそれに比べて拡散スピードでは圧倒的に不利です。しかし、わざわざ書籍を購入し、長文を読んでくださる方は、それなりに自身に興味を持っていただいている方だと推察されます。その方により深く自分を知ってもらうことで、（うまくいけば）共感につなげることができるのではないかと思います。いまは電子書籍もありますから、物理的制約はクリアできるかもしれませんが、読むことに時間をかけていただくことには変わりありません。このことを思うと、本当に読者の方々には感謝するばかりです。

　下手に手の内を明かしているようで書くかどうか迷ったテーマではありましたが、私の出版に対する考えを知っていただけたら幸い

です。原稿や校正の締め切りが迫っている時には、たいてい大慌てしているのですが、書籍によって人に想いを伝えるという手段はこれからも大切にしていきます。そして、ぜひ士業のみなさまにも、その専門性を活かして良書を著してほしいと願っています。

第 4 章

営業

SALES OF PROFESSIONAL FIRMS

営業力は差別化ポイントになる

　「集客」がビジネスターゲットを集める仕組みだとすれば、「営業」は実際に顧客に接しサービスを販売する仕組みにあたります。私がこの業界に入ったときにも「資格を取っても営業力がないと生き残れない」といった話はよく聞いていました。事業を営む上ではごく当たり前のことですが、このような話題が出るところが士業業界における独特の歴史的背景を彷彿とさせます。

　士業業界全体を見渡してみれば、事務所経営者の方でも、この営業を苦手とする方が多いと感じます。それもそのはずで、営業が得意な方は一般企業の営業担当者としても活躍できますから、その道でキャリアを積むことができます。わざわざ突破するために相当な時間と労力を割かねばならない資格試験を受ける選択をしなくてもいいわけです。そうすると、資格取得という選択をする方の中に営業が得意だと感じている（あるいは営業の経験や実績を持っている）方の割合が多くはないことに違和感はありません。

　得意な人が少ないのであれば、営業力は差別化ポイントになるということです。国家資格を有している時点で、その領域においては全員がプロフェッショナルです。特定のジャンルで同業者の中でも頭一つ抜け出せる実力があれば差別化要因にもなり得ますが、仮に司法書士が「登記業務が得意です」と言ったところで、それは当たり前のことですから差別化にはなりません。そんな中で、登記業務ができることを前提として、圧倒的な営業力を持っていれば、一人の司法書士としては大きなアドバンテージとなり

えます。

　経営者自身が営業力を発揮して事務所を経営していたとすると、事務所を次のステージに進めるためにどのような戦略を描くかという課題に行き当たります。さらに規模を拡大させていくことを目指した場合、トップ営業で行けるところまで行くという道もありますが、一人の力には限界があります。経営者自身のキャパシティを超えて事務所が成長することはありませんし、何かとやることの多い経営者としては、営業にリソースのすべてを投下するわけにもいきません。

　専門家集団たる士業事務所においては、経営者自身が実務においても先頭を走っていることは珍しくありませんから、「営業がうまくいったら実務で手一杯になり営業ができない」というジレンマを抱える可能性もあります。

　経営者自身の営業リソースを事務所規模の上限値と定めるのも一つの経営判断です。ただし、経営者という個人が、何らかの事情で営業活動に支障をきたした場合、ダイレクトに事務所の経営に影響します。時間軸においては年齢的な変化も起きますし、人間には健康リスクもあります。経営者自身を代替性のない営業担当者としておく限り、顕在化していなくても常に大きな経営リスクと背中合わせであることは間違いありません。

　このようなリスクに対処するため営業担当者を増やそうとする場合、ただでさえ限られた人材の奪い合いとなる採用競争において、営業が得意な資格者の採用は困難を極めます。そうすると、非資格者の営業経験者を雇うのが確率の上では合理的です。そのような人材が採用できて、営業を任せようとするならば、次の課

題は育成です。業界知識や独特の慣習について学んでもらい、経営者が担っていた機能を代替してもらうためには、営業プロセスが可視化され、標準化されている必要があります。

「営業は教えられるものではない、背中を見て学べ」と営業活動に同行させるという手もありますが、効率性、確実性を高めるためには、属人的な要素はなるべく排除しておいた方が良いでしょう。経営者自身が一から手間をかけて育成するしかないとすれば、手塩にかけて育成した営業担当者が辞めてしまったとき、また同じ工数をかけて育成しなければならないというリスクもあります。

もちろん、営業には、言語化できないノウハウがあることは否定しません。むしろ、顧客との間にある「距離感」や「呼吸」といった絶妙な要素は確かにあると私も実感しています。そのようなノウハウは、まさに「百聞は一見にしかず」ですから、営業同行という手段によってしか伝えられません。しかし、営業にはそれ以外の要素が必ずあります。その部分を切り分けて可視化し、標準化すれば良いのです。そのためには、自身の営業プロセスや持つべきマインドを洗い出し、ツールに落とし込むという作業が必要です。はじめは大変だと思いますが、この過程を踏んでおくことで、後の人材育成はずいぶんと楽になるはずです。ただでさえ時間に追われる事務所経営者としては、ここは厭わずに取り組むべきでしょう。

3 回安定、10 回固定の法則

　私は、司法書士になる前は携帯電話回線を販売する法人営業担当者でした。ここで営業の基礎を学び、その経験を活かして事務所の営業活動を行っていたのですが、当初から「3 回安定、10 回固定」というシンプルな法則を常に頭に入れていました。この法則は極めてシンプルで「3 回顔を合わせると親しくなり、10 回会うと固定客化できる」というだけのことです。私は割と（いや、かなり）単純な方ですから、この法則を信じてひたすら行動するというのは性に合っています。一緒に仕事がしたいと思う方には、幾度となく会いに行きました。

　この法則を確からしいと思わせる根拠として、有名なヘルマン・エビングハウスの忘却曲線があります。

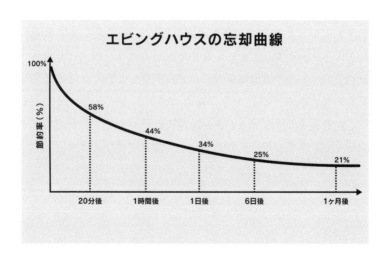

　この曲線が表すのは、人が忘れた知識を学びなおす時に、最初に比べてどれだけ時間を節約できるかという数値です。時間の経過とともに、学びなおす際に節約率は下がっていく、つまり思い出すのに時間がかかるということです。ランダムなアルファベットの羅列を覚えるという実験だったそうですから、実際に会った人の記憶についても同じだとは言い切れませんが、結局のところ私が考えた結論は「人の記憶は時間とともに失われていく。忘れられる前に会いに行って覚えてもらおう」ということです。

　これは、この研究に対する分析というより、自分自身の実感と突き合わせて「自分が腹落ちした」結論です。自分が納得していれば、動機としては十分です。あとは3回、10回を目指して行動するのみ。

　単純なことかもしれませんが、私はこの法則から営業方針を決め、愚直に会う回数を増やしていきました。その行動が結果に結びついたことも確かです。もちろん、すべての営業先がこの法則でうまくいったわけではありませんし、接触回数以外の要素もあったと思います。しかし、営業の仕組み化は、属人化を排した上で、できるだけ成功確率の高い方法を作っていくことだと思います。その観点では、十分に採用に値する方法だと考えています。数字が決まっていると実に明快でわかりやすく、仕組み化とは好相性ですから取り入れやすいのではないでしょうか。

営業ツールをフル活用する

　人と人が会った時に伝わる情報量は非常に多く、お客様に自分のことを思い出してもらうためには、直接お会いすることが最も有効な手段だと思います。しかし、この身は一つかぎり。どうしても物理的な限界があります。そんな時に考えたのは、営業ツールに補ってもらうということです。名刺や会社案内などの営業ツールで事務所の情報に触れていただければ、その時に自分のことが脳裏に浮かぶはずです。そうすれば、忘れられる前に思い出してもらうというステップを補強できます。

　名刺や事務所案内は、開業当初から改良を続け、相手に捨てられない、記憶に残るものになるよう工夫してきました。名刺を二つ折りにして顔写真、プロフィール、業務内容など多くの情報を記載する、事務所案内のデザインや紙質を変えて高級感を出す、経営理念を載せて想いが伝わるようにする……あの手この手を試してきましたが、お会いした方々の反応は上々で、取り組んでよかったと思っている施策です。競合事務所が、それらのツールに力を入れていないのであれば差別化要因にもなるでしょう。作り込まれたツールは「しっかりした事務所だな」という印象形成にも繋がるはずです。

　お会いした方に送るサンキューレターも良い手段だと思います。名刺交換させていただいた方に、遅くとも翌日には認め、できるだけ速やかにお届けしていました。長々と手紙を書くわけではなく、定型化した文言を印刷しておき、手書きで一言添えてお

送りします。

　メールマガジンは、自動配信にしておけば手間なく多くの方にアプローチできます。名刺のデータを蓄積しておけば、お送りする内容を決めるだけで数百人、数千人という方へも一瞬で送信でき、投下コストとの見合いで考えても十分に価値ある方法でしょう。

　毎回、一からお送りする内容を考えるのは大変ですし、ネタも尽きてきてしまいますので、私は外部のメール配信サービスを活用していました。この方法であれば、あらかじめ用意されているコンテンツに、事務所の情報を加えるだけで配信できます。ニュースレターのような性質を持たせることもできるので、事務所のことを知っていただくツールとしても有効です。

　ニュースレターは、別のアプローチとしてあえて紙で送る方法もあると思います。手間はかかりますが、高いクオリティで制作し、事務所のブランディングに繋げることもできます。

　世の中を見渡してみれば、数多くの営業ツールが存在します。自分のターゲットのことを考え、どのようなツールでアプローチするのが有効かを判断し活用していくと良いでしょう。

面談の流れを可視化する

　実際に案件の相談があったときには、多くの場合「面談」というステップを踏むことになります。現在では、Zoom などのツールを駆使したオンライン面談も多くなってきましたが、オンライン、オフラインのいずれにせよ相談者の課題を把握し、解決策を提示し受任へと繋げていくという点に変わりはありません。

　この面談の流儀は人それぞれですが、仕組み化を目指す場合には、やはり可視化し標準化することが求められます。自分自身もベースとなるパターンを決めておくことで安定した手順で面談ができますし、事務所のメンバーに面談を任せる場合にも、標準的な手順が定まっていた方が、育成効率、受任率の向上という面では有利です。

　事務所のメンバーが、全員高度な営業スキルを有していて、各人のスタイルに任せていた方が成功確率は高いということなら良いのですが、あまり現実的な状況とは思えません。また、属人化していると、そのメンバーが抜けたときに穴を埋めるのは非常に骨が折れます。人材は常に流動的ですし、むしろ圧倒的な営業力を持っているなら転職は容易で、独立して経営者を目指すこともできます。資格を有している方ならなおさら、独立する選択ができる業界ですから、私は面談の方法も事務所規模の大小にかかわらず仕組み化を目指していくことが重要だと考えています。

　私が実践していた面談の流れは、本当に基本どおりでやはり特別なことはありません。

1 アイスブレイク

- ・はじめてのことで緊張している
- ・解決できるのか不安を抱いている
- ・信頼していいのか見定めようとしている、警戒している

　初めてお会いする相談者の場合、このような状態にあることは珍しくありません。本題に入る前に、まずは場を「解きほぐす」ことで、後の工程を進めやすくしていきます。長々と雑談に花を咲かせようというわけではありませんから、私はそう難しく考えてはいません。「事務所の場所はすぐおわかりになりましたか？」「雨の中お越しいただきありがとうございます」などと笑顔で切り出すだけでも、随分と空気は変わります。名刺に何か情報を仕込んでおいて、自分なりの鉄板ネタを持っておくのも良いでしょう。「長すぎず、短すぎず」がポイントです。

2 ヒアリング

　ここが面談の肝です。ヒアリングによって正確に状況を把握し、何を解決すべきなのかを特定します。質問ばかりを繰り返しては尋問のようになってしまいますから、相手の話に傾聴しつつ、適度な相槌を打ちながらお話をうかがっていきます。質問の仕方は、次の二つを使いながら必要な情報を引き出していきます。

3 オープンクエスチョン

「本日は、どのようなご相談ですか？」

回答を限定せず、自由に考えて答えてもらう質問形式です。詳細かつ多様な情報を得ることができ、話の全体像が掴めるので、面談の前半で使用する場面が多くなります。相談内容を整理し、順序立ててお話しくださる方ばかりではありませんので、あまりに脱線していくようであれば話を本題に引き戻す、重要なポイントだと感じたら話を深掘りするといったスキルが必要です。私は、自分が主導権を握りながらも相談者に「話したいことを話せている」という感覚を持っていただくことを目指していました。

4 クローズドクエスチョン

「午前と午後だと、どちらがご都合よろしいですか」

YES か NO、あるいは A か B かで答えられる質問形式です。回答を限定することでテンポよく話を進めていくことができますので、収集すべき情報を絞り込めてくる面談の中盤から後半にかけては使用回数が増えていきます。最初から多用しすぎると「話を聞いてくれない」という印象につながる場合もありますので注意が必要です。

5 共感

ヒアリングにより「何にお困りなのか」を把握できたら、解決

策を示す前に共感のステップです。ここでは「ああ、この人はわかってくれた」と感じていただくことを目指します。上辺だけの共感は逆効果です。相談者の心情を「思い遣る」こと、自分だったらどう感じるかと主体的に捉えることで、自然と出てくる言葉を大切にします。相談者が抱える課題へどれだけ真剣に向き合っているかが試されます。

6 提案（クロージング）

　具体的な解決策を示し、依頼していただくかどうかを決めていただきます。この点については次の項で詳しく述べますが、提案書として視認できるようにすると効果的です。事務所としては受任できなければ仕事が増えませんが、決断が早い方だけではなく、じっくり考えて決めたい方もいらっしゃいます。

　人それぞれ心地よい意思決定のプロセスは異なりますので、無理に決めていただいても納得感、腹落ち感が不足し、後の不満へ繋がっていくこともあります。受任するという最終目標を達成することは頭に入れておきつつも、私はあえて相談者の意思に委ねるというスタンスを大切にしていました。もちろん、自分がお悩みを解決する手立てを持っているのであれば、お任せいただいた方が相談者のためになるという気概は持って臨みます。案件化するためではなく、相談者のためにも背中を押すことが必要な場面もあるでしょう。

　これらの流れを押さえながら、私は、一案件あたり30分〜

60分の間を標準タイムとしていました。もちろん複雑な案件であれば面談時間も長くなりますが、標準値が定まっていれば「この面談は◯◯という理由で20分超過したけど許容範囲」「もう少し話の主導権を握ることができれば超過せずに終えることができた」など自分の面談を振り返ることができます。

　実際に、私は経験を重ねるごとに面談時間は短くなっていきました。たくさんお話される相談者であっても、脱線していく話を上手く引き戻していく術を身につけるなど、振り返りを重ねる中でスキルが向上していったからです。もちろん、時間を気にしてお客様を蔑ろにするようでは本末転倒です。相談者に寄り添い、親身になって話を聴くことで、本質的な課題を特定し、解決の手助けをする。これこそが自分の仕事の価値なのですから、その点は常に自分の中心に据えていたものです。

　面談の流れと各ステップで駆使するスキル、さらに自分たちの事務所として持っておくべきマインドまで可視化できれば、事務所独自の資料ができあがるはずです。可視化した資料は、事務所が有するナレッジの集積場所であり、記録しておけば脳のリソースを開放することができます。脳のリソースが開放されれば、また他のナレッジを吸収することができますから、新たに取得したナレッジをまた記録していくことができます。そうして実践と記録を繰り返し、資料をアップデートしていくことで、事務所独自の強みは磨かれていくことでしょう。

Section 05

提案書でサービスを可視化する

　面談を経て案件を受任するためには、提供するサービスの提案が必要です。私は、提案内容を必ず提案書にまとめて提出するようにしていました。

　お伝えする内容は、相談者にとっては初めて聞くことであり、専門的な部分も少なくありません。面談の場で行う口頭の説明だけでは、すべてを理解し、記憶することは、一般的には難しいと言えるでしょう。「聞いてない」「説明されてない」という認識は、トラブルの原因にもなります。提案書として提出しておけば、面談のあとにじっくりと見返していただくことができますし、そこで疑問があればお尋ねいただくこともできます。

　私の事務所では、自分以外にも面談に赴くメンバーがいましたので、サービスごとに提案書の雛形を用意し、あとは相談者の事情に合わせてカスタマイズすれば完成するようにしていました。

　提案書といっても、そんなに大掛かりなものではありません。サービスが変わっても、記載するポイントは決まっていて、

① 手続きのプロセスとそれぞれの担当（相談者・事務所のいずれが実施するのか）

② 手続きにかかる期間（プロセスごとの目安）

③ 費用（実費＋報酬）

　概ねこの３点のみです。提案内容にバリエーションがある場合は、Ａ案とＢ案を比較して選択しやすいようにしておくなど

案件によって調整はしますが、一つの提案書を作るのに膨大な時間がかかるということはありません。せっかく可視化したとしても、専門的な内容が細々と書いてあっては伝わりませんので、専門用語は平易な言葉にあらため、最小限の情報で過不足なく伝わることを目指します。

　目に見えないサービスを視認できるようにすることで、説明する側も、される側も、同じものを見ながら話ができますので、面談の質も高まります。私自身、非常に使い勝手の良いツールとして活用していました。

報告の定時化

　依頼者から「依頼している件はどうなっていますか？」と問い合わせがあった場合、私は業務を改善するポイントだと認識します。そのような問い合わせがあるということは、その時点において、依頼者が案件についてのスケジュールを把握されていないということです。最初から伝わっていなかったのであれば受任時の伝え方を改善すべきですし、時間が経って忘れてしまったということであれば、依頼者の手元に残る提案書に改善の余地があるのかもしれません。

　いずれにしても、依頼者が不安に思っていたということに変わりはありませんので、安心してお任せいただくためには何らかのアクションが必要です。コストの面でも、依頼者、事務所スタッフの双方に余計な手間が発生するわけですから、避けるに越したことはありません。

　スケジュールが伝わっていたとしても、解決までに時間を要する案件であれば、依頼者が不安を感じるのは当然です。そういう案件の場合、何もなくても状況をお伝えする「定時連絡」を業務に組み込むようにしていました。

　例えば、多数の相続人が関与する相続案件であれば、最初に取り掛かる戸籍の収集に数か月を要する事があります。提案書にも明記しておきますが、依頼してから1か月、2か月と時が経過していくと、進捗を確認するお問い合わせがポツポツと入ってきます。そうした場合、受任から25日後、50日後などと報告スパ

ンを決めて、受任時にスジェジューリングしておきます。

　事務所としては、最初の工程が終わっていない段階ではありますが、途中経過がわかるだけでも案件が前に進んでいることが伝えられますので、安心していただくことができます。

　この話は、営業というよりも業務マネジメントで扱うテーマだと思われるかもしれません。まさにそのとおりで、サービスの品質を上げることや、業務を効率化することに繋がる施策でもあります。では、これを BtoBtoC モデルにおける、紹介者（真ん中のB）の立場で考えてみるといかがでしょうか。

　まず、紹介者は自分の顧客を紹介しているのですから、事務所がどのような対応をしているかは気になります。こまめに状況を共有することで、紹介者にも安心していただくことができます。

　反対に、紹介したらその後はパッタリ連絡がないということでは、不義理に感じられても仕方ありません。そのような相手に、再び案件を紹介しようとは思わないでしょう。また、紹介した顧客に満足してもらってこそ、紹介者としての顔が立つというものです。紹介を受けた依頼者から「全く不安に思うことなく、スムーズに解決できた」という評価をいただくことを、紹介者への恩返しとしても目指すべきでしょう。

　営業は、自分の商品を売り込むだけでなく、受任した案件のフォローも重要な要素に含まれます。紹介者、依頼者の事前期待を上回ってこそ、次の案件へと繋がっていくのです。

お客様イベントの開催

　私は、12月に案件を紹介していただいている方々や依頼者の方々をお招きして忘年会を開催していました。ホテルの宴会場を借りて、100名以上の方に参加していただく事務所の一大イベントです。事務所のメンバーには、お客様をおもてなしする会であることを伝え、当日は一丸となってホスト役に徹します。参加者の方々には楽しく飲食をしていただき、私は1年間の感謝を込めて挨拶回りです。この会によって、事務所との繋がりを強め、翌年の仕事へと繋げていきます。開催から数年経った時に、忘年会の思い出を語ってくださる方がいたことは印象的でした。

　さらに、このような会は、参加されている方々にとっても営業の場となります。参加者どうしで新たな繋がりができていたり、顔見知りの方に出くわして新たなビジネスの機会が生まれたりと、楽しんでいただくだけでなく仕事の面でも恩返しができます。横のつながりをプロデュースすることも、事務所に対して価値を感じていただく方法の一つです。

　営業面だけでなく、副次的な効果もありました。普段、事務的な仕事をメインにしている事務所のメンバーが、多くの参加者を目の前にして「どれだけ多くの方々に支えられているか」を実感していたのです。ありがたいことに、参加者の中には案件の担当者へ直接お礼を言ってくださった方もいて、そのメンバーが目を輝かせながら報告しにきたこともありました。このような機会は、日々の仕事を単なる「作業」にしないためにも重要だと思い

ます。自分の仕事の先には、依頼者や紹介者がいらっしゃるということ、仕事があって当たり前ではないということを実感することは、業務の品質を上げていく起爆剤となります。

　開催規模の大小を問わず、事務所のステークホルダーに感謝を伝える場を設けることは、日々の営業活動の大きな助けとなることでしょう。

アンケートによる情報収集

1 アンケートの設計

当事務所のサービスはいかがでしたか？（満足・やや満足・普通・やや不満・不満）

この顧客アンケートに98%以上の依頼者が「満足」と回答していたとします。この事実はどう評価すれば良いでしょうか。多くの人が満足していただいていて上々の結果と評価することもできますし、2%も満足と回答してない人がいるのは問題だと評価することもできます。

これらは、何を理想値としているかの差です。95%を目指していていれば前者の評価となるでしょうし、100%を目指しているなら後者です。回答結果は「理想値との差」でしか評価できませんので、アンケートを実施する際には、この理想値を設定する必要があります。

ここで、もうひとつ前の段階に立ち返ってみます。98%の満足度を理想値である100%に近づけようとすれば、2%の差を埋めるための対策を考案・実行してくことになります。

しかし、そもそも計測した「満足度」とは事務所にとって何を示す数値で、何のために収集しているのでしょうか。その2%を埋めることで、事務所の業績にとってどのような良いことがあるのでしょうか。もし、この点が明らかになっていなかったとすれば、計測した数値に価値はありません。何を示しているかわから

ない「満足度」を上げるために行動して、何も業績の改善に繋がらなければ、無駄なコストをかけただけということになります。アンケートの設問は、業績改善のため、価値ある情報とは何かを特定することからはじまります。

　この点を考えるにあたって、顧客から事務所のサービスがどのように「認識」されているのかを考慮します。人が何らかのサービスを利用するまでには、そのサービスを知り（認知）、自分にとって価値あるものだと捉える（認識）というステップが存在します。

　依頼者は「自分の課題を解決するために価値がある」と認識したから依頼し、案件の紹介者は「紹介することにビジネス上の価値がある」と認識したからこそ顧客を紹介しているのです。

　事務所の経営者としては、事務所のサービスがどのように認識されれば依頼や紹介に繋がるのか（＝目指す顧客の認識）を具体的に把握して、現状とのギャップを埋めていくことが必要でしょう。

　振り返ってみれば、私が目指していた「あの事務所は対応が速い」という顧客の認識は、案件を紹介していただく上で重要な要素となっていたと思います。「丁寧」でも「正確」でもなく、「速い」だったのです。案件処理の丁寧さや正確性はもちろん重要です。しかし、そこは提供するサービスの最低ラインであり、差別化要因にはならなかったのでしょう。

　これらのことを踏まえ、漠然と一般的な設問を配したアンケートにするのではなく、価値ある情報を収集し、改善に繋げていくための設計ができれば、事務所にとって有用なデータを蓄積することができます。

2＼ アンケートの回答数を増やす

　収集すべき情報が決まれば、次はいかにして回答を集めるかという観点です。設問は、欲しい情報にフォーカスしながらも、回答しやすい方式にしておくべきです。設問数を多くしすぎると回答へのモチベーションが下がりますし、選択式、自由記述の設問をどのように配置するのかも工夫の余地があります。また、アンケートの配布方法については、アンケート用紙を送付するのか、Google フォーム等を活用したオンライン上での回答とするのかという選択肢があります。

　私の経験では、紙よりもオンラインの方が数は集まりやすいものの、紙の方が自由記述欄への記載がより深いものになる傾向にあります。紙のほうが回答に手間がかかりますから、わざわざ回答していただく方は、事務所への感謝にせよ苦情にせよ仰りたいことを強くお持ちだからだと推測しています。

　回答へのモチベーションを上げる方法としては、謝礼を用意しておくのも一手です。回答にお手間をおかけするので当然のこととも言えますが、多くの情報を集めるためにも効果的です。今ではオンライン上で送信できるギフトコードがありますので、回答していただいた方には速やかに、あまり手間をかけずお届けできます。

3＼ 回答へのアフターフォロー

　アンケートに回答したいただいた方、特にご不満を示された方

には、何らかのフォローをすることが理想です。わざわざ事務所に対して声を上げてくださったのですから、対応に不備があれば謝罪することはもちろん、フィードバックしてくださったことへの謝意を伝えます。

　佐藤知恭氏が提唱したグッドマンの法則では、苦情を言わない顧客よりも言う顧客の方がファンになる可能性が高いとされています。過去に様々な苦情対応をした経験（あまり褒められたことではありませんが）からすると、確かに全力で、誠実に、具体的な改善策を持って対応したお客様は、その後もお付き合いくださった方が多いと感じます。

　また、同法則においては、苦情対応に不満を抱いた方の口コミは、満足した方の口コミの2倍の効果を発揮するとされていることも無視できません。自分が商品やサービスを選ぶときのこと思い返してみても、確かに悪い口コミは、良い口コミよりも目立って見え、購買行動に大きく影響を及ぼしています。いまは簡単に口コミを世の中に向けて発信できる時代です。アンケートによって、苦情やご指摘をいただけたら、すぐにフォローするのが得策でしょう。

第 5 章
組織づくり

ORGANIZATION OF PROFESSIONAL FIRMS

「集団」ではなく
「組織」として機能できるか

前2章では、集客、営業という「仕事を増やす」アクションについて述べてきました。本章では、少し視点を変えて「組織づくり」がテーマです。

正直に申し上げると、私はどちらかというと集客や営業の方が得意で、組織づくりが得意かと問われれば、とても首を縦に振ることはできません。「それなら書くなよ」と言われてしまいそうですが、それでもたった一人で事務所をはじめてから200名を超えるまでの変遷は経営者として具に見てきましたし、現在も300名を超える組織の代表を務めています。組織における様々な課題については、責任を持って対応してきましたし、そこで見たこと、感じたこと、学んだことは数知れません。また、他の経営者の方と話していても同じような課題を抱えていることが多く、本書をお読みの方の中にも同じような境遇にある方はいらっしゃると思います。そうだとすれば、私がこのテーマについて書く意味はあると思っています。

そもそも「組織」とは何でしょうか。「組織」ついて記す以上、この点については最初に触れておかなければなりません。私は、チェスター・バーナード氏が提唱した組織成立の三要素を念頭に「共通の目的、協同の意欲を持ち、互いにコミュニケーションが取れる人の集まり」だと捉えています。これらの要素は、確かにどれ一つが欠けても組織として機能しないと実感でき、同氏の慧眼には恐れ入るばかりです。

106

　これらの要素が欠けた人の集まりは、「組織」と対比してよく「集団」と称されます。街の広場に偶発的に集まった人びとを想像してみるとわかりやすいでしょう。同じ人の集まりであっても、この 3 要素を一つも有していないことは明らかです。

　「人の集まり」ということは、2 人以上の人が集まった時点で「組織」になるか「集団」になるかという岐路は生まれるということです。つまり、自分ひとりで事務所を経営している場合を除けば、すべての事務所が「組織」として機能できるかという課題に直面するといえるでしょう。

共通の目的として掲げる言葉

　第1章でも述べたように、世にある企業の多くが経営理念などの言葉を掲げています。それらの言葉は、（うまく使えば）組織の要素の一つ「共通の目的」としての役割を果たします。掲げてある言葉たちには様々な呼称がつけてありますが、同じ呼称でも組織によって意味合いが異なったものもあるようです。呼び名はどうであれ、大事なことは組織のメンバーが「共通の目的」としてその言葉に共感し、共に仕事ができる状態を作ることです。

　近年では、パーパス経営という言葉について盛んに論じられていますが、私も組織の存在意義を示すことは根源的な部分で重要だと思います。なぜ、わたしたちは組織として事業を営んでいるのか。経営者自身にこの問いに対する答えがないのであれば、所属しているメンバーも路頭に迷おうというものです。パーパスという呼称にするかはさておき、事務所の存在意義は明確にしておくべきでしょう。

　この他、代表的なものとして、経営理念、MVV（MISSION、VISION、VALUE）、クレドなどがありますが、私が掲げてきた言葉では、経営理念にビジョンが含まれていたり、ミッションとパーパスが同一化していたりと、はっきりと分化していない部分もありました。名称にとらわれるよりも、定めるべき内容に着目して策定し、それらの関係性を明らかにしておけば良いのではないかと思います。定める内容と、それを表す言葉を並べてみると、次のようなものがあります。

- 事業を行う上での不変的な考え方、経営者の想い（経営理念・事務所理念）
- 事務所が存在する理由、存在意義（パーパス、ミッション）
- 事務所が社会の中で担う役割、実行すること（ミッション）
- 事務所が目指す社会、顧客、自分たちの状態（ビジョン）
- 事務所が顧客に提供する価値（バリュー）
- 事務所のメンバーが大切にする価値観・信条（バリュー、クレド、行動指針）

　このようなテーマについて思考し、言葉としてまとめ、何を表す言葉なのかをラベリングする。そして、それらの繋がりを提示する。このような流れで取り組んでみてはいかがでしょうか。

　各士業は、社会にとって必要があるからこそ国家資格が創設され、その目的や使命は法に定められています。このことを前提として、あえて事務所が提示する「共通の目的」は何なのか。このような視点でも考えてみると良いでしょう。

掲げた言葉をマネジメントに活かす

　近年、雇用されて働く方々も、労働環境や待遇などの「働きやすさ」に加え、「働きがい」にも重点を置いているように感じます。採用のシーンでも「社会貢献」という言葉を口にする方は非常に多く、私には、仕事を通じて社会との繋がりを希求しているように映ります。したがって、自分たちは何のために仕事をしているのか、社会にどのように役立っているのか、そのようなことを明確に打ち出し、日々実感できる事務所が、これからの人材市場でも優位に立っていくことでしょう。

　組織とは、結局のところ人の集まりです。構成員たる人がドライブしなければ、強い組織にはなりません。掲げた言葉を形骸化させず、いかに日々の仕事の軸としていくか。この点は、今後ますます重要度が増していくことでしょう。

　私は、組織の中にこれらの言葉を浸透させていくにあたって、次のようなステップを意識しています。

言葉を知る→理解する→行動する→定着する

　様々な組織を見ていると、この「知る」というステップで躓いているケースも多いようです。みなさまの事務所では、メンバー全員が事務所で掲げている言葉を即答できるでしょうか？　ふと尋ねてみると曖昧にしか答えられないメンバーがいる事務所もあるのではないでしょうか。そういった場合、今となっては古くさいイメージもありますし、好き嫌いも分かれるところだとは思い

ますが、事務所のメンバーで唱和する機会を設けるという方法も
あります。唱和に違和感があれば、読み合わせでも良いでしょう。

　前提として、これらの言葉がなぜ大切なのかといったメッセー
ジがあってこそですが、人は繰り返し口にする言葉が思考にも根
付いていくものです。単純ではありますが、効果のある方法だと
思います。

　「理解する」「行動する」は言ったり来たりする部分です。掲げ
た言葉について「なるほど」と理解し行動に移す。行動すること
によって本質的な意味に気づいたり、違う側面から理解したりし
て、また行動する。このようなサイクルを生み出す仕組みを作る
ことがマネジメント側の仕事です。

　理解するためには、その言葉にした背景や理由といったストー
リーを語ることは大事ですが、長々と説明しても一度で理解でき
るものではありません。経営者自身にとっては考え抜いた自分の
言葉ですが、メンバーにとっては他人に与えられた言葉です。同
じだけの理解など、そう簡単にできるわけがありません。営業の
章でも述べましたが、人の記憶に残すためには頻度が重要です。
日々の仕事の中で、メンバーの具体的な行動と紐づけて称賛した
り、指導の際に理念や行動指針を軸にして話したりと、経営者自
身が常にこの言葉とともに仕事をすることが重要です。

　そして、人は褒められもしないことはしないものです。人事評
価の項目に組み込み理念に沿った行動を評価する、所内表彰の機
会を設けるといった仕組みも必要です。

　組織規模が大きくなって中間管理職を設けた場合には、定着ま
での道のりは格段に難しくなります。経営者自身が直接マネジメ

ントしているメンバーには、言葉に込めた想いをダイレクトに伝えることができますが、他人を介して伝えることになるわけです。そうすると、媒介となる中間管理層がどれだけ経営者に近い理解度と熱量で伝えられるかにかかってきます。経営者としては、中間管理職のメンバーといかに想いを共有するかという点にリソースを割かなくてはならないでしょう。

　人はそれぞれ、価値観が異なり、大切にしていることも様々です。経営者の想いを伝えたければ、事務所のメンバーがどのような価値観を持ち、何を大切にしているかを経営者自身が知る対話のステップは欠かせません。定着までの道のりは決して容易ではありませんが、事務所が共通の目的に向かって一丸となった暁には、メンバーが働きがいを感じ、自律的に行動できる強い組織となっていることでしょう。

組織規模における人数の壁

　組織の規模を拡大させていく過程では、よく「○人の壁」といった表現で成長を鈍化させるタイミングが訪れると言われています。私も例に漏れず、人を増やしていくにあたって、たくさんの壁にぶつかってきました。その要因は様々にありますが、「固定費が増えることによる心理的負荷」と、「仕事を任せる恐怖」はその代表的なものではないでしょうか。人件費を払うだけの売上を確保できるだろうか、大事な顧客の対応を任せてだいじょうぶだろうか……成長の壁を乗り越えるためには、事務所の売上はもちろん、このようなプレッシャーにも打ち勝たなければなりません。ここでは、1人の壁から 10 人の壁までを乗り越える過程について、私の体験を基に記していきます。

【1人の壁】人を雇うという覚悟

　私は、事務所の年商が 1,500 万円に達したとき、それまでのスピード、品質で業務が提供できなくなり人を雇う決意をしました。人を雇えば人件費がかかるだけでなく、育成など人材のマネジメントにもリソースを割かねばなりません。その分、営業活動に割くリソースは減り、売上が落ち込んでしまうかもしれない……。

　これは初体験のプレッシャーでした。しかし、成長に先行投資はつきものです。私の場合は「ここで人を雇って次のステップに進みたい」という想いが、一人の壁を打ち破りました。最初の一

人を雇う時に立ち現れる壁は、初めて体験するプレッシャーの中で沸き起こる「お前はどうなりたいのだ？」という問いであり、その壁を打ち破るのは、自分の意志、覚悟です。ただの精神論のようですが、私がぶつかった壁を乗り越えた様は、まさにこのような状況でした。

【5人の壁】ルール化と「右腕」の存在

　一般的に、一人が直接マネジメントできる人数は5〜8人が限界だと言われています。私の実感では、事務所経営者には5人のマネジメントでも十分に高いハードルです。経営者としての仕事、集客、営業、そして実務も抱えながらマネジメントをするわけですから、何ら不思議なことではありません。メンバーからすべての事柄について相談が集まるようでは、次のステップへ進むための仕事は到底できません。

　この局面を打開するために、私の事務所では所内の「ルール化」を進めていきました。自分が直接指示を出さなくても、ルールに則って進められることは進めてもらい、自分の手を空けていくという作戦です。仕事を任せる恐怖は存分に味わいましたし、お客様からお叱りを受けたことは幾度となくあります。作成した書類にミスがあったという類ならまだしも、お客様への配慮が不足していたといった場合は、自分が持っている感覚を教えるのは非常に難しいものです。こういう時こそ、事務所が定めた理念などに立ち返り、メンバーと根気強く対話を重ねていくしかないのだと思います。

　また、5人の頃は年商4,000〜5,000万円の規模です。全体

の指揮は自分が執るとしても、すべてを一人で担うことはできません。私の場合は、既存顧客の対応を分担し、実務を統括して任せられる「右腕」ともいえるメンバーがいました。そこで、私のリソースは集客や営業面に寄せ、新規案件の獲得を継続することで、この壁を突破していきました。このケースのバリエーションとしては、新規営業も含め、自分の仕事全体を分担できるメンバーを雇うという方法もあり得ます。しかし、私は「自分と違う才」を取り入れた方が良いのではないかと思っています。そうすることで、自分の強みに特化した動きができますし、マネジメントのスタイルにも多様性が生まれます。人は十人十色。メンバーが10人いれば、10通りのマネジメントが必要といっても過言ではありません。自分とはタイプが違うメンバーと協働することで、多様な人材のマネジメントに対応できるようになれば、長い目で見ても事務所の強みになっていくことは間違いありません。

【10人の壁】マネジメントと集客、営業の両輪を回し続ける

　10人の事務所ともなれば、年商は9,000万〜1億円の規模です。ここに至るまでには、事務所トップの営業力に加えて、安定的に収益を確保できるビジネスモデルが必要となるでしょう。そして、ここを超えて次へ進むためには、経営者が既存のビジネスモデルを深掘りする、新しいビジネスモデルへ挑戦するといった動きが必要です。

　私も、既存事業である不動産登記分野を深掘りして安定した集客ルートを獲得したり、家族信託という新たな分野を開拓したりと、自分が常に最前線に立って集客、営業活動を続けていきまし

た。そして、それができたのは、マネジメント領域において大幅な権限委譲を進めたからに他なりません。

マネジメントの限界人数を思い返してみれば、この規模になると経営者以外にマネジメントを任せられるメンバーが欲しいところです。マネジメントに適性があり、有能な人であれば一般的な限界を超えて10人を丸ごと任せてしまってもいいでしょうし、経営者自身と分担する方法もあります。

前者の場合では、このメンバーにはあまり実務で負担をかけるのはお勧めできません。実務で手一杯になり、マネジメントが疎かになれば組織は簡単に崩壊します。いくら仕事を取ってきてもミスが多発する、納期が遅れるといった状況になれば、足踏みするか後退するしかなくなります。そう考えれば、ある程度はマネジメントにリソースが避ける状態にしておく必要があるでしょう。このあたりの組織構造は、抱えている人材を見極めて決めていくしかありません。

また、ここで難しいのは、実務で優秀な実績を残していたとしても、マネジメントは全く別の適性、スキルを要するということです。士業業界に限らず、実務で優秀な業績を修めてリーダーになるという構図はよく見かけますが、マネジメントについては全くの素人ということは珍しくありません。経験もなく、基礎的な教育も受けずに我流で立ち向かえるほど、マネジメントは甘くありません。

新人リーダーが何の武器も持たずに立ち向かった結果、マネジメント不全を起こし、経営者自身が火消しに奔走している姿はあちこちで見かけます。そもそも適性がなかったとすれば、結果は

言うまでもありません。このような状態では、壁を突破するところではなく、経営者の苦労は延々と同じところを彷徨い続けることになるでしょう。

　マネジメントについては、一冊を丸ごと費やしても足りないほど、広範かつ深遠な内容があります。業務マネジメント、人材マネジメント、チームマネジメントなど、その対象によっても必要なスキルは異なり、それぞれが一筋縄ではいかないものです。ここで、少なくともこれだけは必要というポイントに触れるとすれば、メンバーにマネジメントを任せる際のアクションです。

　①　マネジメントを一つの専門職と捉え、その観点で任せるメンバーの適性を見極めること
　②　マネジメントを任せるメンバーにも①の事実を伝え、新たな職域に共に挑戦することを合意すること
　③　マネジメントについて、基礎的な教育を施す仕組みを備えること

　好むと好まざるとにかかわらず、10 人の壁を超えて進むには、マネジメントの課題は避けて通ることができません。そこから先は、人が増えれば増えるほど、その重みは増していきます。仕事を増やすことと、その仕事を処理する組織をマネジメントすること。この両輪を回し続けるための仕組みを創ることが、この先に進む鍵となります。

人が悪いのか、組織が悪いのか

ここまで、10人の壁までを例にしながら組織づくりについて述べてきました。現時点でも、その先の壁をも乗り越え、30人、50人、100人……という規模の士業事務所は存在しますし、これからも生まれていくことでしょう。

組織の規模が大きくなれば、社会に与える影響も大きくなります。100人の事務所であれば、年商8〜10億円規模にはなっているはずです。それだけ多くの方々へサービスを提供しているということですし、メンバーの家族を含めれば200人、300人といった人びとの生活基盤を作っていることになります。

経営がうまくいき体力がついてくれば、新しい事業領域や技術、人材に投資することで、業界の内外に変革を起こす可能性すら持つことができます。経営の良し悪しは規模だけで決まるわけではありませんが、より多くの選択肢、あるいはより大きな可能性を持つことができるという点において、組織規模を拡大することに価値はあると私は考えています。

さて、組織を大きくしていくと、組織構造に関する問題が徐々に存在感を増してきます。仮に5人の事務所であっても、組織であるからには組織構造が存在するわけですが、トップを中心にある程度の役割分担ができていれば事務所は回っていきますので、さほど注意を向けられることはありません。これが30人の規模であれば、複数の中間管理職を置き、指示系統を整備し、役割・権限・責任を定義する……といった伝統的なピラミッド型組

図：30人組織の簡易イメージ

バックオフィス（3名）	事業①Aチーム（9名）	事業①Bチーム（7名）	事業②（6名）	事業③（4名）
メンバー *代表直轄	リーダー	リーダー	リーダー	リーダー
	メンバー	メンバー	メンバー	メンバー

織（あるいは階層型組織）となるのが一般的です。経営者の下を
2階層とするなら、マネジメント職を中心として、4〜5つ程度
のユニットが存在するイメージです。

　このような構造を作ることで、経営者は自分以外の29名へ直
接指示を出す必要はなくなりますし、ユニットごとに役割分担を
して複数の事業を展開することもできます。

　一方で、経営者の意志や指示には、リーダーという人を介すこ

とて「情報の劣化」が生じます。劣化というと聞こえが悪いですが、経営者が伝えたいことをリーダーが一言一句違えず、熱量もそのままに伝えるということは現実的に不可能です。リーダー自身の思考を経由することで変質することもありますから、人を介することで量・質ともに目減りすることは間違いありません。メンバーは、自分の上司（この例ではリーダー）に大きく影響されますから、経営者からすれば「メンバーに伝えたいことが伝わっていない」と感じ、「中間管理職が育っていない」という典型的な経営者の嘆きへと繋がっていきます。

　反対に、メンバーからの情報伝達にも同じことが起こります。現場で発生した事象を、メンバーがリーダーに報告し、リーダーが経営者に報告するという過程においては、逆方向で「情報の劣化」が生じますから、「なぜ報告しなかったのか」「リーダーから聞いていた話と違う」といった事態も往々にして生じるわけです。

　これらの問題に加えて、事業経営の速度にも影響があります。経営者がメンバーに直接指示をすればすぐに終わる話でも、リーダーを挟むことで単純に事務所全体の工数は増えますし、リーダーの認識が間違っていて二度手間になるといった事態も日常茶飯事です。

　仕事における判断・実行のフェーズでは、リーダーが経営者と同等のスピードで動ければ良いのですが、リーダーが持つ権限にはたいてい制限があり、経営者への相談・確認といったプロセスが生じます。そもそも、常日頃から重要な判断・決断を繰り返している経営者に比べると、中間層のメンバーの動きが緩慢であることの方が多いものです。意思決定に複数のメンバーが関与する

場合などは、尚更その動きは遅くなっていきます。生産性の低い
ミーティングが横行するといったことは、士業事務所に限らず多
くの組織で起こりうる弊害です。

　私も、これらの課題には大いに悩まされました。振り返ってみ
れば、30 人くらいのときが一番きつかったとも思えます。なに
しろプレイヤーとしても最前線で動きつつ、体験したことがない
マネジメント上の課題にも対処しなくてはなりませんから、あれ
もこれもと振り回されっぱなしです。何でもすぐに決めて、すぐ
に実行するという性格でもありますから、つい「まだやってない
のか」と言いたくなりますし、何でも直接指示を出したくなりま
す。

　しかし、いつまでもそうしていては、組織は機能しません。代
表から指示を飛び越されたリーダーが、自らの存在意義に疑問を
持ち、マネジメントに対する意欲を失っていくのは当然です。
チームのマネジメントを任せるのであれば、その役割を果たすた
めの権限を付与し、結果に責任を負ってもらう。役割・権限・責
任は、必ずセットにしなければ、責任感を持って仕事はできない
ものです。

　私が「リーダーに責任感が足りない」「もっと主体的に動いて欲
しい」と思ったときには、自分自身があれこれと口を挟み、その
責任感や主体性を奪っていないかを自問するようにしています。
また、情報の劣化も、意思決定の遅さも、メンバーが悪いのでは
なく、組織の構造から必然的に生じる問題です。責任を個に押し
付けていても組織は前進しませんから、自分自身が経営課題の一
つとして改善に動くようにしています。

　私の場合は、30人を突破したあたりから、段々と経営者としての役割に集中できるようになりました。思い切って現場から手を引いていったのも功を奏したのだと思います。仕事を手放す勇気と、組織の課題を「構造の課題」と捉えて対処していくこと。このあたりが、30人の壁を超えて経営者として事務所の未来を創っていく鍵となるでしょう。

「先生」は禁止

　「先生と呼ぶことは禁止します」。これは私が事務所で作ったルールです。士業事務所においては、資格者のことを「○○先生」あるいは「先生」と呼ぶことが一般的です。ちょうど、企業において、「○○社長」と肩書で呼ぶ慣習と同じようなもので、多くの事務所で違和感なく受け入れられています。

　しかし、私はこの呼び方が嫌だったのです。どうにも、資格者が特別視されている感じがしますし、ともすれば資格を持っていることが偉いという雰囲気さえ漂います。

　事務所は、資格を持っている人、持っていない人が等しく協力することで成り立っています。もちろん、資格者にしかできない業務はありますが、それは単なる役割分担に過ぎません。階層型の組織においては「指示系統の」上下関係はありますが、それも決して人としての上下関係ではありません。資格者であっても役職者であっても、特別視する必要はないというのが私の考えです。そこから冒頭のルールへと繋がっているのですが（ちなみに、いまも社内で私のことを社長と呼ぶ人はいません）、単に言葉を変えること以上の効果がありました。

　数値化して検証できるようなことではありませんが、資格や立場にかかわらず全員が「○○さん」と呼び合うことで、平等でオープンなコミュニケーションができる雰囲気が醸成され、活発な意見が交わされていたのです。メンバーもみんな快く賛同してくれていました。こういう小さな事が組織文化やコミュニケーションのあり方を左右するものだと実感したものです。

変化が激しい事業環境においては、メンバーの多様な考え方や意見が事業経営に活かされることが重要です。組織内の対話を活性化させ、協働の姿勢を創り上げるための小さな仕掛けとして、とても良い施策だったと今でも感じています。

事業の多角化と拠点展開における課題

　組織規模が拡大していくと、周辺事業に進出しシナジー効果を生むことや、事業拠点を増やして事業を横展開していくという選択肢も生まれてきます。いずれもスタンダードな戦略ですが、事業にせよ拠点にせよ「立ち上げ」には特有の難しさがあり、経営者自身が一定のリソースを注ぐ覚悟が必要だと感じます。

　事務所の立ち上げも同様ですが、事業が軌道に乗るまでのフェーズは、混沌として先行きが見えない中を力技で切り抜けていくといった面も大いにあります。そのような状況では、柔軟に素早く意思決定をして直ちに行動することが求められますから、経営者が自らの裁量によってスピーディに事業を進めていくこととは好相性です。成長を期してメンバーに立ち上げを任せるといった別の狙いがある場合はさておき、経営者自身が先頭に立って取り組むのが最も成功確率の高い方法だと思います。

　私は、司法書士業との連動を目指して不動産事業を二度立ち上げましたが、いずれも軌道に乗せきれずに撤退しました。振り返ってみれば、自分自身がリソースを割ききれず、中途半端になってしまったという実感があります。この他にもうまくいかなかった事業はたくさんありますが、いずれも同じ要因はあったと思います。あれもこれもと手を出して、どれもが中途半端になってしまうと既存事業も含め総崩れする危険もありますので（自分で書いていて耳が痛いですが）、新たな事業を展開する際には、自らのリソースと熱量を注いで取り組むことをお勧めします。

　拠点展開については、もう一つ「マネジメントの分散」という課題があります。物理的な距離が離れた場所で、それぞれの組織をマネジメントするということですが、これがなかなか重たいもので、私はかなり苦労してきました。単純に移動の手間が増えるということもありますが、接触頻度が減ることでマインドにズレが生じる、拠点を任せられる人材が不足するなど、拠点ごとに異なる組織課題が生まれていき、経営者として考えることはとにかく増えていきます。

　複数拠点を同じ組織の延長としてマネジメントするのか、独立採算制にして独自のマネジメントで走らせるのかにもよりますが、いずれにしてもマネジメントコストは「思ったよりもかかる」ものと考えておいた方が良いと思います。少なくとも物理的な距離を埋めるための仕組み（どれくらいの頻度で、どのようなコミュニケーションを取るのか）や繋がりを形成する要素（理念やルール、役割定義など）は明確にしておくと良いでしょう。

チャットツールの効用

　メールを送るのは本当に面倒。いま私はこのように感じていますが、事務所をはじめたころは、電話やメールが主な連絡手段でした。当時は、メールのチェック、返信にどれだけの時間を費やしていただろうと思うほどです。事務所の人数が増え、コミュニケーションコストが増大していったとき、私の事務所ではチャットツールを取り入れました。今では多くの企業で取り入れられていますが、コミュニケーション速度の改善には欠かせません。経営に携わる中で様々なツールを取り入れてきましたが、最も仕事のあり方を変えたものの一つです。

　まずは社内で使用を開始しましたが、定期的なやり取りが生じるクライアントにも活用を提案し、社内外ともにチャットでのやり取りに切り替えていきました。そもそも「お世話になっております」から始まり「よろしくお願いいたします」で終わるメールの定型文には、何の生産性もありません。CC や BCC に宛先を追加するのも手間ですし、うっかり誤送信したメールは戻ってきません。チャットツールであれば、グループを作ってしまえば簡単に情報が共有できますし、投稿を編集・削除することもできます。投稿に対して「了解」という意思を伝えるだけならリアクション機能で十分でしょう。添付ファイルもドラッグアンドドロップですぐに送ることができます。

　メールだとかしこまった雰囲気になるのに、チャットだと気安い雰囲気になるのも自由なコミュニケーションを促進します。情

報セキュリティには留意しなければなりませんが、アカウントを集中管理し、使用ルールを定めれば概ね解決できるでしょう。大規模な事務所だけでなく、数人で経営している事務所であっても、効果は実感できると思いますので、まだ取り入れていない事務所では、ぜひおすすめしたいツールです。

テレワークの是非

　新型コロナウイルスの感染拡大により、日本の企業にもテレワークが急速に取り入れられました。ここで沸き起こったのが「結局テレワークは良い方法なのか」という議論です。著名な海外の経営者が、テレワークを真っ向から否定していたことも印象的です。

　私の結論は「テレワークも手段の一つに過ぎない」ということです。その手段をいかに活用するかということが問題なのであって、テレワークそのものが良い、悪いということではありません。私は、基本的にオフラインで、顔を突き合わせて仕事をすることを好みます。弊社でも、部署にもよりますが基本は出社して仕事をするというルールにしています。そこで生まれる人と人との繋がりは、やはりオンラインの繋がりとは異なるものがあり、それこそが組織で仕事をしている意味だと感じるからです。

　一方で、オンライン会議は頻繁に活用して、場所の隔たりをなくし迅速にコミュニケーションが取れる恩恵は存分に享受しています。また、子育てや体調によって出社することが難しいメンバーは、在宅で業務ができるようなルールを用意しています。仕事をする意欲とスキルがありながらも、出社することが障壁となって働けないのは実にもったいないことです。

　もちろん、テレワークであっても生産性が落ちないことが条件ですし、業務によってはテレワークに馴染まないこともありますから、一定の制限はあります。当然ですが、単にテレワークの方

が楽だからという考えてあれば認める必要はありません。「○○
さんだけがテレワークをしていて不平等だ」という声が上がった
こともありますが、そもそもメンバーが担当している業務や本人
のスキル、生産性が平等ではありません。テレワークを導入した
方が、経営にとっても本人にとってもメリットがある、だからそ
の方法を選択する。このあたり前の経営判断をしているのですか
ら、何らおかしなことではありません。士業業界も、様々な事情
を抱える多様な人びとが、その力を存分に活かして働ける業界で
あってほしいと私は思います。

資格者が志向するキャリアへの対応

　資格を取ったら先輩の事務所で修行を積んで、いずれ独立する。私が司法書士になった時には、まだこのようなキャリアイメージが一般的でした。修行中は丁稚奉公のようなもので、給料が安くても勉強させてもらっているのだから仕方がない。もっと以前には、このような感覚もあったように聞き及んでいます。

　現在では、必ずしもこの独立を視野に入れていない資格者の方々も多くなった印象があります。同じ資格を取得しているとしても、人それぞれ得意とすることは異なります。さらに、資格取得の過程で各々の専門領域について知識を身につけていたとしても、経営に必要な知識やスキルを習得しているわけではありません。こう考えると、必ずしも「資格取得＝独立して経営者になる」と考える必要はないと私は思います。

　大切なことは、その人の持つ強みが活かされ、社会に貢献するとともに、資格者として歩む人生が豊かになることです。士業事務所の経営者としては、経営に必要な人材を確保するという観点に加えて、様々な働き方を提供し、多様な人材が活躍できる基盤を作っていくことで、業界全体の発展を期していくことが必要だと思います。

　ここでは、資格者の方々が志向する働き方を4つに分類して、経営者としてどのように対応していくのかについて私の考えを述べていきます。

1 \ 定型的な業務を安定して行いたい

　士業の仕事においては、ある程度は定型化される業務も数多くあり、そのような業務を安定的にこなしていきたいという方も一定数います。もともと性格的に向いていると感じる方もいれば、今は家庭や子育てとの両立を最優先にして安定性を重視したいというケースもあるでしょう。定型化された業務といっても、そもそも士業の仕事は国家資格者としての専門性を必要とするものです。その専門性を活かし、確実に業務をこなしていくことは、事務所にとっても大きな力となります。

　また、私は反復、継続する仕事に厭わず取り組める才能は、とても貴重なものだと考えています。仮に、業界の中では難易度が低く、場合によっては「資格者であれば誰でもできる」と言われる業務であったとしても、その業務を黙々と遂行し続けていくことは、誰にでもできるわけではありません。そして、士業事務所の経営が、このような業務に支えられている側面は少なからずあるのです。担当できる業務の幅が広くないことや、自分が経験したことがない業務があることに引け目を感じている資格者の方に出会うこともありますが、私はそのことだけで自分を卑下する必要は全くないと思います。

　こういった意向を示すメンバーであれば、無理に業務の幅を広げたりする必要はないと思います。強い上昇志向を持つことだけが称賛されるのもおかしな話ですし、自身の役割を果たし、仕事の結果を出すことができるのなら、十分に事務所に貢献できるはずです。所内の役割分担によって、新たな業務にトライしてもら

う場合には、ペースに気を配り、適宜サポートしながら任せてい
くと良いでしょう。

2＼ 専門性の幅を広げる、あるいは深めていきたい

　「様々な業務を経験したい」。新人資格者の方から最も多く聞く
言葉の一つかもしれません。現場に出て実務を経験していくと、
特定の領域を深掘りしていくルートに変えて行く方もいますが、
いずれにしても士業という専門家集団の中でも卓越したエキス
パートを目指すことには変わりありません。

　どんな案件にも対応できる、ある領域では他の追随を許さない
ほどの知見を有している、いずれも素晴らしいキャリアだと思い
ます。このようなエキスパートが所内にいれば、事務所のブラン
ディングに繋げることや、他のメンバーへ高いレベルの知見を共
有し、事務所全体の業務レベルを底上げすることもできます。事
務所経営にとっては、場合によってはゲームチェンジャーにもな
り得る存在といえるでしょう。

　このキャリア志向に応えるかどうかは、事務所の経営方針によ
ると思います。人材を確保するために幅広く業務を受けていくと
いう方針もあり得ますが、事業ポートフォリオをそれだけで決め
るというわけにはいきません。受ける案件を特定の分野や難易度
で絞ることも戦略の一つです。もし本人の意志とミスマッチとな
るようであれば、転職もやむなしという判断もあるでしょう。

　このような場合、所内の業務に一定以上は携わることを条件と
して個人案件の受任を容認する、あるいは業務委託契約による協

業体制にすることも考えられます。売上の金額や業務時間、処理件数などで合意すれば両立も可能でしょうから、多少のマネジメントコストはかかるとしても、人材の確保を優先する場合には有効です。副業を認める企業も増えている昨今ですから、このような働き方の幅は時代にも合っているといえるでしょう。

3＼ マネジメント職に就きたい

　組織におけるキャリアの中で、「昇進」や「出世」といった言葉から思い浮かべるのは、一般的にこのルートではないでしょうか。この章で既に述べてきましたが、マネジメントは専門職です。各士業が有する専門性とは別の領域として、新たに習得していかねばなりません。

　マネジメントが機能していれば、複数の人びとの力を結集して一人ではなし得ない成果を生み出すことができますが、逆の場合では、組織は容易にその生産性を落とし「1+1<2」の結果しか生み出せなくなります。事務所経営にとっても要所となりますから、「士業としての専門性×マネジメントの専門性」を兼ね備える人材は、希少な存在として重宝したいところです。

　本人に適性があり、任せられる役職やプロジェクトリーダーのような役割があれば良いのですが、必ずしもそうではないケースもあります。もし、ポストはあるが空いていないということであれば、現職のメンバーと比べてより適性がある方をそのポストにつけるべきです。いわゆる「上が詰まっている」という認識が生まれてしまうと、優秀なメンバーから辞めていくということにも

なりかねません。もちろん、理屈の上ではそうであっても、事務所のメンバーは将棋の駒ではありませんから、相応の配慮や適正な手順は必要です。時には難しい局面となりますが、経営者としては正面から取り組まねばならないことでしょう。

　別の方法としては、新たにポストを用意するということも考えられます。当然のことながら、事業にとって必要がないポストを作るわけにはいきませんので、そう簡単なことではありません。しかし、改めて組織を見直し、人材を活かすポイントを探っていく中で新たな形が見えてくることもありますので、常にゼロベースで組織を見直す習慣は持っておくべきでしょう。

4 ＼ 独立して経営者となりたい

　独立を目指す資格者が所内にいる場合、私は全力で応援するスタンスを取っていました。挑戦したいという気持ちを押し止める意味もありませんし、そこへ向かうモチベーションを仕事に活かしてもらえれば、双方にとってプラスになります。

　急な退職となると事業運営に支障をきたす場合もありますから、このような意向は早めにキャッチして事務所としても備えておかねばなりません。独立する＝退職となるわけですから、なかなか言い出せないという心情が湧くのも無理からぬことです。日頃から、そのような意向は歓迎するということをメンバーに伝えておくことも必要でしょう。

　独立を希望するメンバーには、フランチャイズ展開や、独立採算型の新拠点を任せるという提案も一案です。本人は開業資金の

支援を受けて経営を経験できるようなものですし、事務所として
も規模の拡大に繋がり互いにとってメリットがあります。もちろ
ん、それまでの働きぶりから信頼できるメンバーに限られます
が、検討の価値はあると思います。

　このように、一口に資格者といっても様々なキャリア志向があ
ります。経営者の立場からすれば、任せたい役割があったり、で
きるだけ長く事務所で働いてほしいと考えていたりもするでしょ
うが、本人の意志と合致していなければ、お互いにとって良い結
果になるとは思えません。まずは、本人が何を志向しているのか
を把握することから始めなくてはならないでしょう。

　また、士業に限ったことではありませんが、実際に「自分がど
うなりたいのか？」という質問をした時に、明確な答えを持って
いないメンバーもいます。そのような場合、私は、内省を促し時
間はかかってもいいので自分で答えを出してもらいます。自分か
ら見た相手の印象や、仕事の評価は率直に伝えますが、私自身が
メンバーのキャリアについて答えを持っているわけではありませ
ん。そもそも正解などわからないわけですから、自分なりの答え
を出してもらう以外に方法はありません。

　時間も手間もかかりますが、士業事務所にとって有資格者は要
となる人材です。その人材を活かすためのアクションは、コスト
をかけるべき重要なポイントとなるでしょう。

第6章

成功するために必要な
力とマインド

成功するために必要な○○力

　士業事務所の経営を成功させるために必要な「力」は何かと問われれば、私は①行動力②胆力③コミュニケーション力だと答えます。努力して磨いていけば、誰でも伸ばせるものばかりです。成功の定義は人それぞれですが、根本的には、あえて経営という手段を採ることで成し遂げたい「何か」を成し遂げることなのだと思います。そして、そのためには継続的に利益を出して、事務所を存続させなければなりません。この章では、成功をこの意味で使用していきます。

_1_＼ 行動力

　士業に限った話ではありませんが、成功している経営者の方々は、本当に行動に移すのが早いものです。反対に、色々と構想を語っていても行動する「気配」がしない方がいます。この行動の「気配」というのは不思議なもので、話しているだけで「この人はすぐに動くだろうな」「この人は行動する気がないな」というのが何となく伝わってきます。行動することを前提にしていると、語る言葉も、その言葉に宿る力もきっと違ってくるのでしょう。

　ビジネスの縁はこのような人びとに集まっていきます。ビジネスアイデアの良し悪しは、実行した結果でしか語れません。成功したアイデアが良いアイデアなのであって、実行する前にあれこれと言っても仕方のないことです。まずはやってみる。失敗した

らやり直す。私もこのスタンスは絶対に忘れないようにしています。

2＼胆力

　どのような状況でも、周囲の雑音に惑わされず、自分の意志に従い決断する。他人と違う道であっても、非難されようとも、信じた道を突き進む。成功への道のりには、このような局面も待ち受けています。競争を勝ち抜くためには、他人と同じ道だけを歩むわけにはいかないのです。

　無数にある分かれ道は、その多くが失敗へと繋がっています。時には自分の考えに疑問を持ち、またある時には孤独に苛まれるかもしれません。それでもめげずに道を選び直し、前に進み続けるしか方法はありません。成功した人とは、成功するまで諦めなかった人のことです。胆力は、冷や汗をかきながら、真剣に悩み、決断することを繰り返し、鍛えられていきます。

　私も、経営を始めたころに比べたら随分と鍛えられました。まだまだ若輩者で、成功したとはとても言えませんが、失敗を繰り返してきた今も進み続けています。これから先、自分が成功したと思える時が来るかはわかりません。ただ今は、まだ諦めるときではないと思っています。

3＼コミュニケーション力

　顧客、仕事の紹介者、同業者、事務所のメンバー……、事務所経営者は、様々な人とコミュニケーションを取ります。事務所経

営は一人では成り立ちません。人との関わりによってのみ発展するとさえ言えます。

　ここでのコミュニケーション力は、「話術に長けている」というような小手先の技術を指してはいません。自分と相手に誠実に向き合う力のことです。相手に誠実に向き合うには、自分と誠実に向き合わなくてはなりません。

　自分がどのような考えを持ち、何を大切にしているかを真剣に考え、一人の独立した人間として対峙しなければ、相手の何がわかるというのでしょうか。上辺だけの言葉で、調子のいいことばかり言っていても、その人の周りには同じような人しか集まってきません。誠意を持って相手と向き合っていれば、感謝の言葉も、真摯な態度も自然と出てくるはずです。何か失敗したとしても、常日頃からそのような姿勢で臨んでいれば、手を差し伸べてくれる人はいます。いい関係を築こうと考えるより、まずは誠実に向き合うこと。その結果として良好な関係性は築かれていきます。

先行投資思考

　規模の拡大を見越して広いオフィスを借りる。将来を見据えて人材にコストをかける。顧客との接点を作るため広告費を投下する。経営において何かを掴み取ろうとする時、多かれ少なかれ先行して投資をしなくてはなりません。

　成功している経営者たちは、かけるコストの大小にかかわらず、この先行投資思考で行動しています。誰が見てもリスクが少ない先行投資であれば、競合相手も同じように行動し、同じ結果を手にします。

　リスクが読みにくい投資や、競合相手が躊躇うような高いリスクを負う投資に対して、自分なりの勝算をはじき出せたら差をつけるチャンスです。一度に大きなコストを投下するかどうかは問題ではありません。「そこにそれだけ手間をかけるなんて」と誰もが思う小さなことに、地道にコツコツと手間をかけて大きな成果を手にすることだってあります。大切なのは先んじてコストをかけ、結果を取りに行く思考を常に持っておくことです。

成功の鍵は才能か運か？

「才能 vs 幸運：成功と失敗におけるランダム性の役割」

（原題「Talent vs Luck: the role of randomness in success and failure」）

このようなタイトルの論文が2022年のイグノーベル賞経済学賞を受賞していました。結論を簡単にいうと「成功するのは最も才能がある人ではなく、才能は平凡でも最も幸運に恵まれた人」というようなことが書かれています。

ベースとなる研究は偏ったモデルを採用していますし、その他にも疑問符がつく点が多々あり、どうにもこの結論を証明しているとは言い難いのですが、実にイグノーベル賞の受賞論文らしい面白い着眼点だと思います。

問：才能があるから成功するのか？　運が良いから成功するのか？

私にとっては、「運だけでは成功できるはずがない」と考えたくなる一方で「成功するには運も必要」ということも確からしく思えて、結局「私の考えでは……」と私見を述べるしかなくなる面白い問いです。この流れのままに私見を述べますと、①成功するためには、持って生まれた才能を磨いて活かすしかない（ないものねだりをしても仕方がない）。②運はいつ巡ってくるかわからないから、成功するまで打席に立ち続けて、幸運に当たる可能性を引き上げるしかない。こんなところです。

やはり、成功するまで諦めずに打席に立つ（＝行動する）ことが

重要だと思いますし、打席に立つ前にはフォームを見直したり、素振りをしたりして最高のスイングができるように努力します。心身ともにコンディションを整え、ベストな状態で望めるように普段の生活も大切にします。できる限りの準備をしたら、あとの結果は神のみぞ知る。人は、結果のすべてをコントロールすることはできません。未来で何が起こるかは、その時になってみないとわからないものです。

　ビジネスにおいても、実践することは全く同じだと思います。運は、才能を磨いた挑戦者だからこそ掴み取れるものです。

最後に、最も重要な「熱意」について

人生・仕事の結果＝考え方×熱意×能力

　現代を代表する偉大な経営者、故・稲盛和夫氏が提唱した成功の方程式です。同氏の足跡を辿れば、経営者とって必要な数多くのことを学ぶことができます。ここでは、この方程式の中にある「熱意」について記します。

　経営を科学的な見地で詳らかにし、成功の要因を突き止める試みは、学術・実務の両面でなされてきました。それらの試みによって様々なフレームワークや戦略・戦術モデルなどが生み出され、今や膨大な知見が世に溢れています。それらは、計測された客観的事実に基づく再現性の高い方法として提示され、説得力のある説明も付されていますが、前提を欠いてしまっては意味がありません。その前提こそが、経営者の「熱意」です。

　この章の冒頭でも述べたとおり、経営の本懐は、経営という手段によって成し遂げたい「何か」を成し遂げることです。ある経営者は、社会を変えることを志すかもしれませんし、またある経営者は、従業員と共に幸福な人生を歩むことを目指すかもしれません。内容が何であれ、その経営者にとって「どれだけ成し遂げたいことなのか」が「熱意」の尺度です。軽々に「成し遂げられたらいいな」と思う程度のことであれば、経営という身を削るような手段によって、我が身を苛むことはありません。困難な状況から逃れ、歩みを止めてしまっても、その経営者の人生にとっては大した問題ではないのなら、成功への途上で頓挫するは極めて

自然な流れです。きつい思いをしてても成し遂げたいと思うから
こそ、困難な状況をも乗り越え、成功するまで諦めずに進んで行
ける。「熱意」は経営者の行動原理であり、その熱量によって前進
する力は左右されます。

　「熱意」は生まれ持ったものではありません。経営者が生きる過
程において、後天的に醸成してきた価値観の現れです。主体的な
人生にのみ、熱は宿ります。

　「熱意」は伝染します。人は、他者の熱に感応することができま
す。経営者の熱が組織のメンバーに伝染すれば、個の熱量を遥か
に上回る推進力を獲得します。

　「熱意」に永続性はありません。時の移ろいによって万物は変化
します。沸き起こった熱も、経営者の心根ひとつでより熱くもな
り、失われもします。

　どれだけ経営のことを学び、能力や考え方を身につけようとも
「熱意」が0なら方程式の解は0です。経営者が、自分にとって
価値があると信じることを世に問い、成功へ向けて挑戦していく
ことこそが経営です。これから独立して経営者になろうとする方
は、まずは自分の「熱意」について自問することをお勧めします。
この方程式には「人生」という言葉も含まれています。仕事のこ
とだけではなく、経営者としての人生そのものに通用する考え方
として、深い意味を感じる方程式です。

本書の結びとして　～士業のこれから～

　この本を書きながら、あらためて経営に必要なことを考え直し、自分にとっても大きな学びとなりました。テーマによっては、熱がこもりすぎている自分に気づき、やはり経営に対する熱意は冷めてないのだなと実感したものです。この調子であれば、経営者として、そして経営を支援する会社の代表者としてまだ力を発揮していけそうです。

　士業業界の今後については本編でも触れてきましたが、全体の構成上、記していない内容もあります。大きなテーマとしては、海外事業との関わりや、移民受け入れの問題があります。既に、国境を超えて活躍されている士業の方々はいますが、その担い手はまだ少ないのが現状です。海外の企業や外国人起業家が日本に進出する際の支援、日本企業の海外進出支援、在日外国人の法的支援などは、未開拓の部分があるように感じています。

　AI の力によって言語の壁はいっそう取り払われ、デジタル通貨によってより流動性の高い金融システムが主流となることも考えられます。そんな中で、士業経営者自身が、海外に拠点を置く法人の BPO サービスを利用するという展開もありうるでしょう。人口減少にともなう移民受け入れの問題は、士業事務所で働く人材と提供するサービスに影響を及ぼす可能性があります。色々と難しい問題を孕んでおり、今後どのような展開になるかわかりませんが、日本の人口が減っていくのは間違いありませんので、事務所経営には確実に変化が起こります。

私が代表を務める株式会社スタイル・エッジは、士業事務所のニーズに次々と応える形で、マーケティング、HR（Human Resource）、システム提供とそのサービスの幅を広げてきました。

　これらを一気通貫で提供できることが他社にない強みであり、これから士業業界にどのような変化が起きようとも、このスタイルを貫いていきます。海外関連事業にチャンスがあるのなら、私たちはそこで勝機を見出すため、共に事業を創るパートナーとして動き続けます。そして、私自身が士業事務所の経営を経て、この会社の代表になったことには意味があると今でも思っています。

　私にしかできないスタイルで事務所経営者のみなさまに伴走し、プロフェッショナルとしての力を最大限に社会へ届ける仕組みを創っていきます。

　ここまで、思うままに記した悪筆乱文をお読みくださって本当にありがとうございます。重ねて御礼申し上げます。本書を手にとってくださった方へ、少しでも価値を提供できていますように。そして、心ある事務所経営者の皆さまが、その想いを実現されますことを心より願っています。

島田雄左

著者紹介

島田　雄左（シマダ　ユウスケ）

1988 年　福岡県生まれ

実業家・司法書士

株式会社スタイル・エッジ代表取締役

　24 歳で司法書士事務所を開業。国内トップ規模の士業グループに成長させる。2021 年より現職。主に士業・医業等のプロフェッショナルに向けた総合支援を行う。

　YouTube や X（旧 Twitter）で法律、仕事、マネーリテラシーなど、さまざまな情報を配信中。著書に『家族信託の教科書』（税務経理協会）、『人生で損しないお金の授業』（同）がある。

士業経営

2024年2月20日　初版第1刷発行

著　　　者　　島田雄左

発　行　者　　大坪克行

発　行　所　　株式会社税務経理協会
　　　　　　　〒161-0033東京都新宿区下落合1丁目1番3号
　　　　　　　http://www.zeikei.co.jp
　　　　　　　03-6304-0505

印刷・製本　　株式会社　技秀堂

編　　　集　　小林規明

本書についての
ご意見・ご感想はコチラ

http://www.zeikei.co.jp/contact/

本書の無断複製は著作権法上の例外を除き禁じられています。複製される
場合は, そのつど事前に, 出版者著作権管理機構（電話03-5244-5088,
FAX03-5244-5089, e-mail: info@jcopy.or.jp）の許諾を得てください。

JCOPY ＜出版者著作権管理機構 委託出版物＞
ISBN 978-4-419-06982-7　C3034

© 島田雄左　2024 Printed in Japan